W0105209

**Lektorat Bernd Jost**

## Zu diesem Buch

Die Numerologie ist eine uralte Weisheitslehre, die uns tiefe Einblicke in unseren Charakter, unsere Stärken und Schwächen und sogar in unser Schicksal liefern kann. Dieses Buch macht es Ihnen leicht, die Geheimnisse der Zahlen zu entschlüsseln.

Dagmar Hoffmann ist eine Numerologie-Expertin, die über jahrzehntelange Erfahrung verfügt. Sie entwickelte ein eigenes Wahrsagespiel mit Karten und veröffentlichte die Bücher «Wahrsagen mit Karten» und «Kartenlegen und Numerologie»

Dagmar Hoffmann

# Numerologie

die geheime Kraft der Zahlen

Rowohlt Taschenbuch Verlag

Inhalt

Originalausgabe
Veröffentlicht im
Rowohlt Taschenbuch Verlag GmbH,
Reinbek bei Hamburg,
September 2003
Copyright © 2003 by
Rowohlt Taschenbuch Verlag GmbH,
Reinbek bei Hamburg
Umschlaggestaltung any.way, Barbara Hanke
(Foto: Fotex)
Reihenlayout Christine Lohmann
Satz Avenir und Proforma PostScript
bei KCS GmbH Buchholz/Hamburg
Druck und Bindung
Landesverlag Druckservice, Linz
Printed in Austria
ISBN 3 499 61551 7

Die Schreibweise entspricht den Regeln
der neuen Rechtschreibung.

# Vorwort

Was ist Numerologie?
Numerologie ist eine Philosophie,
die sich entwickelt hat aus der
kabbalistischen Lehre, nach der
Zahlen Eigenschaften haben und
sich die Eigenschaften dieser Zahlen auf die Anlagen der Menschen
übertragen lassen.

Die charakterologische Deutung, die
sich auf Zahlen stützt, hat sich, trotz
aller Widerstände und Versuche, sie
als Okkultismus oder esoterische
Richtung zu bagatellisieren, etabliert. Es ist eine erfahrungswissenschaftliche Namensdeutung.

Die Symbolik der Zahlen und Linien
ist das Grundlagenwissen, um ein
Persönlichkeitsprofil zu erstellen.
Kommen Sie mit auf Spurensuche.
Schauen Sie in Ihr Numeroskop,
bewundern Sie Ihre Stärken und
lächeln Sie über Ihre Schwächen.
Ihre ganz persönlichen Zahlen
machen es möglich, geben Ihnen
Auskunft über sich selbst und Ihre
Mitmenschen. Ob Spannungen in
der Partnerschaft oder in der Familie, ob Unsicherheiten in Geschäftsbeziehungen oder bei der Wahl
eines neuen Wohnortes, gehen Sie
den Ursachen auf den Grund.
Probleme lösen kann ein Numeroskop nicht, aber es kann Ihnen die
Ursachen vor Augen führen.

Dann wissen Sie auch, wie Sie Ihren
Problemen zu Leibe rücken können.

# Das Geheimnis der Zahlen

Jeder Mensch ist ein kleines Wunderwerk der Schöpfung und hat seinen eigenen genetischen Fingerabdruck. Jeder Körper, jede Seele, jeder Geist hat sein individuelles Profil. Die Natur hat es so gewollt. Die Universalgesetze der Schöpfung werden in Zahlen ausgedrückt. Jede Zahl für sich hat ihre charakteristischen Merkmale, vom reinen Zählwert für Mengen und Maße über die Einteilung der Zeit bis hin zur symbolischen und magischen Anwendung. Sie sind die Größen, aus denen die Welt besteht, und helfen uns, die Welt zu ordnen, die äußere wie auch die innere. Sie sind Zugang zum Verständnis für unsere uns vom Karma zugewiesenen Qualitäten. Sie geben nicht nur Auskunft darüber, über welche Art seelischer Energie ein Mensch verfügt, sondern weisen zusätzlich darauf hin, wie er diese praktisch nutzen kann und welche Fähigkeiten optimiert werden können.

In vorgeschichtlicher Zeit wurden Zahlen durch in Holzstäbe eingeritzte Striche wiedergegeben. Dazu wurde ein Holzstab längs gespalten, die beiden Hälften wieder übereinander gelegt und danach von zwei Partnern Kerben quer eingeschnitten. Es war ein Ritual des Vertrauens, ein unverbrüchliches Versprechen, sich an geschäftliche Abmachungen zu halten, oft mit einem Schwur verbunden. Der reale Zahlwert des Materiellen erhielt erst durch die Symbolik der Handlung das ihm zustehende Gewicht. Dieser Brauch hat sich, über das Spalten einer Münze in vergangenen Zeiten bis hin zum Zerreißen eines Geldscheines in der Gegenwart, als Erkennungsmerkmal erhalten. Zahlen und Zählsysteme haben ihren Ursprung in den großen Kulturen des Orients, in Ägypten und Babylon, wobei das Zehnersystem ägyptischen Ursprungs ist und das Sechzigersystem babylonischen. Mit unserer heutigen Mathematik als Wissenschaft hatte das wenig gemein. Die Zahlen wurden schlicht und einfach für den bürokratischen Alltag gebraucht, um praktische Belange zu lösen. Die Israeliten hatten ihre mathematischen Fähigkeiten aus dem Umgang mit diesen Völkern erworben. Die hellenistische Zeit (Ende des 4. Jahrhunderts vor unserer Zeitrechnung) brachte jedoch für das Judentum der Diaspora wesentliche Neuerungen. Es verdrängte nicht nur die Muttersprache zugunsten des Griechischen, es wurde zusätzlich die Tradition übernommen, Zahlen nicht durch besondere Zahlzeichen auszudrücken, sondern durch Buchstaben. Pythagoras, in unseren Schulbüchern in der Geometrie durch die Formel $a^2 + b^2 = c^2$ vertreten, war nicht nur Mathematiker. Er gründete in Italien nach 532 vor Christus einen Bund, aus dem in den nächsten Jahrhunderten eine einflussreiche Philosophenschule in Unteritalien und Griechenland entstand. Das Wissen der Pythagoreer wurde nur mündlich weitergegeben.

Überliefert ist, dass Pythagoras die Seelenwanderung lehrte, wonach uns unsere verschiedenen Leben die Gelegenheit bieten, an uns zu arbeiten, immer höher zu steigen und uns auf diese Weise zu läutern. Die Analogien zur indischen und orientalisch religiösen Weltsicht späterer Jahrhunderte sind unübersehbar.

Neben den Forschungen auf den Gebieten der Geometrie, Akustik und Astronomie wurde der Bedeutung der Zahlen, als mathematische Ordnung des Universums, ein immer größerer Stellenwert eingeräumt wie auch der Zahlensymbolik, der Lehre, dass Zahlen nicht allein nur Zählwerte sind, sondern Bedeutungen haben, Qualitäten bezeichnen.

Im Laufe der Jahrhunderte zieht das Zahlenmystische in das theologische Gedankengut ein und findet um 390 nach Christus seine weitere Verbreitung, insbesondere durch die Reden und Schriften Augustinus', des angesehenen und prominenten Bischofs von Heppo. Er schreibt: «Alle Wesen haben Gestalten, weil sie Zahlen haben, nimm ihnen diese, und sie werden nicht sein.»

In seiner Vorstellung waren Zahlen Wesenheiten.

Im 13. Jahrhundert verbreitet sich in Südfrankreich und Spanien die esoterische Lehre der jüdischen Mystik, die Kabbala. Dieses geheime Wissen aus Schriften des 2. bis 6. Jahrhunderts wurde in dem Buch «Der Sohar» zusammengetragen und mit eigenen Texten versehen. Es legte den Grundstein für die mittelalterliche Zahlensymbolik.

Trotz der jüdischen Orientierung betreiben immer mehr christliche Gelehrte bereits ab dem 17. Jahrhundert offiziell kabbalistische Studien.

Der Glaube an eine mathematisch geordnete Welt und die damit verbundene Kenntnis der zahlenmystischen Zusammenhänge beeinflusst Klassiker wie Goethe und Schiller ebenso wie das musikalische Schaffen von J. S. Bach.

Mit Sigmund Freud setzt sich der Begriff des Unbewussten in der Psychologie durch, und Carl Gustav Jung erweitert diesen Begriff im Sinne einer allgemeinen psychischen Energie. Er unterscheidet dabei zwischen dem kollektiven und dem individuellen Unterbewusstsein des Menschen und spricht Zahlen eine grundlegende psychologische Funktion zu.

So wie diese in den vergangenen Jahrhunderten Einzug in die Religionen, Wissenschaft und Klassik genommen haben, beeinflussen sie auch die Entwicklung unseres Bewusstseins, sind der Schlüssel zum Ich. Die Numerologie hilft, Zusammenhänge zu erkennen, Talente zu entdecken und die Ursachen von Schwierigkeiten ans Licht zu holen. Niemand kann seine dem Kosmos angepasste Grundschwingung, die mit der Namensgebung zusätzlich ein Gerüst bekommt, verändern. Sich jedoch ererbten oder anerzogenen Verhaltensmustern zu unterwerfen und dabei seine Individualität aufzugeben, das muss nicht sein. Identität zu verleugnen und dadurch, ähnlich einem Schicksalszwang, immer dieselben Probleme zu haben, das ist vermeidbar und nicht Schicksal, es ist überwiegend hausgemacht. Zu seiner Identität zu finden und zu ihr zu stehen, auch wenn sich dabei einschneidende Veränderungen nicht vermeiden lassen, das ist Karma.

# Namenszahl –
# Schicksalszahl

## der Schlüssel zu den Geheimnissen Ihres Lebens

# Die Namenszahl

Die Namenszahl ist die Ausrüstung, die jeder von Hause aus mit auf seinen Lebensweg bekommt. Pythagoras entwickelte ein Zahlensystem auf der Grundlage des griechischen Alphabets, das deutliche Übereinstimmung mit dem Hebräischen zeigt. Daraus ergibt sich für unser Alphabet folgende Zuordnungstabelle.

Setzen Sie einfach nur für die Buchstaben in Ihrem Namen die dazugehörige Zahl ein, um Ihre persönlichen Zahlen zu errechnen, und ziehen Sie sie dann entsprechend dem Beispiel Otto Mustermann zusammen.

| 1 | 2 | 3 | 4 | 5 | 6 | 7 | 8 | 9 |
|---|---|---|---|---|---|---|---|---|
| A | B | C | D | E | F | G | H | I |
| J | K | L | M | N | O | P | Q | R |
| S | T | U | V | W | X | Y | Z | |

**Otto Mustermann**
6 2 2 6   4 3 1 2 5 9 4 1 5 5

**Otto:** 6 + 2 + 2 + 6 = 16 = 1 + 6 = 7

**Mustermann:** 4 + 3 + 1 + 2 + 5 + 9 + 4 + 1 + 5 + 5 = 39 = 3 + 9 = 12 = 1 + 2 = 3

**Namenszahl:** 7 + 3 = 10 = 1 + 0 = 1

Die sich daraus ergebenden Einzelergebnisse haben jedoch einen tief greifenden unterschiedlichen Symbolcharakter.

Bevor die Menschen wussten, wer ihre Väter waren, hauchten die Mütter ihren Kindern sofort nach der Geburt ihren Seelennamen ein. Nur sie hatten das Recht, den Namen zu geben und über Jahrtausende hinweg in mütterlicher Folge die Seele der Familie zu vererben, tief verwurzelt in dem Gedanken an das Mana, an die in Menschen und Tieren vorhandene Zauberkraft, sowie an die kollektive Macht der Familie. Die magische Anziehungskraft des Einzelnen, die Individualseele, ist im Vornamen verankert. Welche seiner Eigenschaften ein jeder zum Strahlen bringen sollte und welche er besser in der Tiefe seiner dunklen Seele ruhen lässt, das zeigt die **Vornamenszahl**.

Mit den über die Jahrtausende wachsenden männlich orientierten Religionen bestand die Priesterschaft auf einer Veränderung der Namensgebung. Mehr und mehr war es ihnen ein Dorn im Auge, dass die Weitergabe von Familiennamen unter weiblicher Herrschaft stand. In der patriarchalisch-christlichen Religion ging das sogar so weit, dass Kirchenkonzile mütterliche Familiennamen für illegal erklärten.

Auch wenn es im Christentum gelungen ist, die Frauen zu zwingen, als Nachnamen die ihrer Väter zu tragen, diesen Namen dann bei einer Heirat abzulegen wie einen alten Hut, um den des Ehemannes anzunehmen, ist das ursprüngliche Ziel, dass die Väter den Seelennamen vererben sollten, nicht erreicht worden. Es geht einfach nicht. Es fehlt das biologische Band. Es ist ein theologischer Irrtum, der männliche Name ist und bleibt ein Nach-Name oder Zu-Name. Der des Stammbaums.

Aus numerologischer Sicht symbolisiert er das kollektive Unterbewusstsein, traditionelle vererbte Verhaltensweisen, tief verborgen, aber jederzeit abrufbar. Auskunft darüber gibt die Zahl des **Nachnamens**.

Die Vereinigung beider Namen symbolisiert das soziale Netz, das gemeinsam geknüpft wird. Harmonie, Glück und Zufriedenheit können erreicht werden, wenn in diesem Verbund jedem der Freiraum gegeben wird, den seine Individualseele braucht. Welche Verhaltensweisen mehr oder weniger ausschlaggebend sind, um sich der Erwartungshaltung der Gemeinschaft anzupassen, ohne dabei die ureigenste Persönlichkeit aufzugeben, das zeigt die **Namenszahl**. Es ist die Ausrüstung, die jeder von Hause aus mit auf seinen Lebensweg bekommt, wobei zu berücksichtigen ist, dass der gesellschaftliche Stand, also Herkunft, Erziehung und Bildung, unterschiedlich ist.

## Die Schicksalszahl

Mit jedem Namen sind wir eingebettet in eine Tradition. In welche wir hineingeboren werden, darüber entscheidet der Moment unserer Geburt. Der Wimpernschlag der Ewigkeit, kosmisch festgehalten durch den Schnittpunkt von Mond und Erdbahn, dokumentiert als das Datum unserer Geburt die Schicksalszahl.

Sie ist eine Art Laserstrahl, symbolisiert den vorgegebenen Weg und zeigt uns, einfach und simpel ausgedrückt, wo es langgeht.

Der Zeitpunkt der Geburt beeinflusst die körperliche, geistige und seelische Eigenart eines jeden Menschen und legt die wesentlichen Charakterzüge fest.

Die Schicksalszahl bleibt von äußeren Einflüssen völlig unberührt. Wir haben allerdings viel Spielraum, um uns zwischen unserem Wünschen und Wollen und dem, was uns bestimmt ist, zu bewegen. Nicht alles, was wir im Leben erfahren, ist Schicksal. Vieles ist das Ergebnis unserer Selbstbestimmung,

liegt in unserer eigenen Verantwortung, ist in unserem Charakter verankert. Es ist das selbst erzeugte Schicksal eines Menschen, das sich auf den Charakter aufbaut. Es liegt in seinem Geist, in seiner Seele und in seinem Blut. Seine spezifischen Fähigkeiten und Veranlagungen muss der Namensträger erst erkennen, um sie zu entwickeln und positiv oder negativ im Alltag einzusetzen.

Das Karma, der Lebensweg mit gewissen wegweisenden Wendestationen, ist vorbestimmt. Die Geburt ist der Anfang auf unserem in großen Zügen festgelegten Lebensweg, Schicksalsstationen, an denen wir immer wieder besondere Prüfungen zu bestehen haben, die ein ständiges Überdenken des eigenen Tun und Lassens fordern.

Wehe, wir stehen in Schicksalsopposition, dann wird es bitterernst. Das ist dann der Moment, in dem es klug und weise ist umzudenken. In sich zu gehen ist angesagt, verbunden mit der Erkenntnis, seine For-

derungen an das Leben zurückzu-
schrauben und seine vom Schicksal
auferlegte Pflicht zu tun. Die numerologische Schicksalszahl kann also
richtungsweisend sein, um das eigene Verhaltensmuster zu überprüfen und zu erkennen, wo Probleme
im Alltag vermeidbar sind.

Die Schicksalszahl errechnet sich
aus der Quersumme des Geburtsdatums. Beispiel: 18.07.1966

**1 + 8 + 7 + 1 + 9 + 6 + 6 =
(Quersumme I) 38**

**38 = 3 + 8 = 11 = 1 + 1 =
(Quersumme II) 2 =
Schicksalszahl.**

Der Persönlichkeitstypus **2/38**
wird ermittelt, in dem die Quersumme II (Schicksalszahl) mit der
Quersumme I kombiniert wird.

Bis auf wenige Ausnahmen ändert
sich der Persönlichkeitstypus im
Laufe des Lebens nicht mehr. Das
bedeutet, dass wir in den charakterlichen Grundzügen gefestigt sind,
wenn wir das Alter erreicht haben,
welches in der ersten Quersumme
unseres Geburtsdatums angezeigt
ist.

# Schicksalsjahre

«Der Mensch denkt, Gott lenkt.»
Gemeint sind damit die vielen sorgfältig geplanten Vorhaben, die wir
wieder über den Haufen werfen
müssen, weil wir von Geschehnissen überrascht werden, die uns zum
Umdenken zwingen. Völlig ausge-
liefert sind wir diesen uns unbekannten Schicksalszusammenhän-
gen jedoch nicht. Der Lebensrhythmus des Einzelnen lässt sich durch
das Aufschlüsseln des Geburtsdatums näher bestimmen.

Sich ergebende Zeiträume von acht
und neun Jahren werden in vier und
viereinhalb Jahre geteilt, da es erfah-
rungsgemäß selten ist, dass über so
lange Zeiträume alles ruhig dahin-
fließt und nichts Aufregendes ein-
tritt. Grundlage für das Erstellen
einer Lebenstabelle ist das Geburtsdatum. Dieses wird Zahl um Zahl
von rechts nach links addiert. Das
Ergebnis jeder Summenbildung
wird notiert. Sie werden dabei feststellen, das die Ergebnisse verschie-

dene Zeitspannen enthalten, je
nach Persönlichkeitstypus.

**Beispiel**

4. 2. 1976 = 4 + 2 + 1 + 9 + 7 + 6 = 29 = 2 + 9 = 11 = 1 + 1 = 2
Schicksalszahl: 2
Persönlichkeitstypus: 29

4. 2. 1976

| | | | Alter | Jahr | | | | | Alter | Jahr |
|---|---|---|---|---|---|---|---|---|---|---|
| | | | 6 | 1982 | 55 | + | 9 | = | 64 | 2040 |
| 6 | + | 7 | = | 13 | 1989 | 64 | + | 2 | = | 66 | 2042 |
| 13 | + | 9 | = | 22 | 1998 | 66 | + | 2 | = | 68 | 2044 |
| 22 | + | 1 | = | 23 | 1999 | 68 | + | 9 | = | 77 | 2053 |
| 23 | + | 2 | = | 25 | 2001 | 77 | + | 2 | = | 79 | 2055 |
| 25 | + | 4 | = | 29 | 2005 | 79 | + | 2 | = | 81 | 2057 |
| | | | | 2/29 | | | | | | |
| 29 | + | 9 | = | 38 | 2014 | | | | | |
| 38 | + | 2 | = | 40 | 2016 | | | | | |
| 40 | + | 2 | = | 42 | 2018 | | | | | |
| 42 | + | 9 | = | 51 | 2027 | | | | | |
| 51 | + | 2 | = | 53 | 2029 | | | | | |
| 53 | + | 2 | = | 55 | 2031 | | | | | |

Setzen Sie nun Ihr eigenes Geburtsdatum ein und vergleichen Sie die daraus errechneten Daten mit wichtigen Ereignissen aus Ihrer Vergangenheit. Alte Bilder sowie Gespräche mit Verwandten und Freunden können hier eine große Hilfe sein, besonders wenn Sie anlässlich eines Geburtstages oder einer anderen Festlichkeit für andere ein Numeroskop erstellen. Vergangenheit, Gegenwart und Zukunft sind eine Einheit. Sollten Sie eine zeitliche Übereinstimmung mit den Ereigniszahlen und den Geschehnissen in Ihrem bisherigen Lebenslauf feststellen, können Sie den Zeitzyklus der Zukunft entsprechend bewerten und in Ihrer Lebensplanung berücksichtigen. Das heißt nun nicht, dass zu einem bestimmten Termin etwas Einschneidendes passieren wird, es ist nur halt ein Vorteil, wenn langfristige Planungen in eine größere Zeitspanne gelegt werden bzw. kurzfristige Entscheidungen in eine kleinere. Oder man stellt sich mental auf eine längere Zeit bei Schwierigkeiten ein, anstatt darüber zu verzweifeln, dass die Pechsträhne anscheinend nie zu Ende geht.

Während uns die Schicksalszahl unsere Eigenschaften und Begabungen zeigt, die uns in die Wiege gelegt sind, weist das aus dieser errechnete Ergebnis des Persönlichkeitstypus darauf hin, wie und wann wir diese am besten einsetzen, also unsere Kräfte bündeln, um «kraft unserer Persönlichkeit» seelische Bedürfnisse durchzusetzen, von denen wir durchdrungen sind.

Ihre Namenszahl und Ihr Diagramm können ohne weiteres in Opposition zu Ihrer Schicksalszahl stehen. Wenn Sie eine hohe musikalische Begabung in die Wiege gelegt bekommen haben, diese Wiege aber auf einem traditionsreichen Bauernhof steht und Sie der Erstgeborene sind, also der lang ersehnte Hoferbe, dann ist eine Lebenskrise programmiert.

Im Spielmannszug oder in der Feuerwehrkapelle, da dürfen Sie das zum Stolz und zur Freude aller ausleben. Kritisch wird's jedoch, wenn es über diesen Rahmen hinausgeht. Dann haben alle Beteiligten Probleme.

Und genau hier setzt die Kraft des Persönlichkeitstypus ein. Innere Beweggründe gegen äußere Gegebenheiten, in diesem Falle ein schmerzhafter Bruch mit althergebrachten Traditionen. Aber vielleicht ist ja gerade dieses vom Karma vorgegeben.

# Das Namens-diagramm

## das Bild Ihrer Stärken und Schwächen

# Der Name spiegelt die Person

Das graphische Darstellungsmittel in der Numerologie ist das quadratische Diagramm. Klar und übersichtlich in seiner viereckigen Form, galt es früheren Kulturen als Symbol der Erde. Nicht nur die Kelten betrachteten die Erde als Quadrat, so haben Ausgrabungen im Industal bewiesen, dass bereits im dritten Jahrtausend vor Christus Wohnstätten in perfekte Quadrate eingeteilt waren.

Der Schutz des Inneren gegen das Äußere wird besonders deutlich, wenn man das Bauen von Wagenburgen näher betrachtet. Diese besonders durch Filme über den Kampf der Kolonisten mit Indianern populär gemachte Verschanzung beinhaltet die Strategie, Wagen und Karren zu einem Viereck zusammenzuschieben, um im geschützten Innenraum den kriegerischen Angriff abzuwarten, mit dem Ziel, nach seiner Abwehr den Kampf außerhalb der Wagenburg siegreich zu beenden.

Das Quadrat als magisches Symbol, der Schutz der inneren Welt gegen die äußere, fungiert als Abwehrzauber. In der chinesischen Tradition hatte ein viereckiges Amulett sogar die magische Kraft, Geisterflüche abzuwehren.

Während im Islam magische Quadrate schon seit ewigen Zeiten kulturell fest verankert sind und in China die Kenntnis darüber bereits zweieinhalbtausend Jahre vor unserer Zeitrechnung nachweisbar ist, erhielt der Glaube an die magischen Kräfte des Quadrates erst in Verbindung mit der Kabbalistik im dreizehnten Jahrhundert seinen Durchbruch in Europa. Parallel zu dieser Entwicklung wurde die ägyptische Tradition übernommen, Quadrate astrologisch den verschiedenen Planeten zuzuordnen. Das Zentrum magischer Quadrate ist die 5, das Herz. Die Basis für das Erstellen eines Numeroskops ist das Saturnquadrat. Die uralte Kunst der Chiromantie (Handlesekunst) stand hier Pate sowie gewisse Analogien zwischen Numerologie und Astrologie.

Saturn, benannt nach dem griechischen Chronos, dem Schicksalsplaneten der Zeit, zeigt die großen Schicksalsstunden an. Er verbindet die Jahrgänge miteinander im gleichen Erleben. Generationen erleiden das gleiche Zeitschicksal wie zum Beispiel Krieg, Seuchen, Aufstieg oder Niedergang. Die Umlaufzeit um die Sonne beträgt über 29 Jahre, 2 1/2 Jahre steht Saturn in je-

dem Tierkreiszeichen. Er gilt als Weichensteller, der zu Geduld und Beharrlichkeit zwingt. Dazu, die Zielsetzung des Lebens zu überprüfen, was ist an Plänen durchführbar und was ist davon erreichbar. Weist daraufhin, die eigene Lebensgestaltung im Zusammenhang mit den gesellschaftlichen und sozialen Herausforderungen zu sehen.
Das Saturnquadrat gehört zu den magischen Quadraten, wobei die neun Grundzahlen um die 5 (in der Mitte) gruppiert sind. Es hat neun Kraftfelder, deren Gesamtsumme die okkulte Zahl 45 ist. Okkult deshalb, da numerologisch gesehen die Quersumme daraus die Zahl 9 ist. 4 + 5 = 9, die Zahl der astralen Welt, in der alle Situationen für die grobstoffliche Welt vorbereitet werden. Stellen Sie nun in Form einer kleinen Tabelle fest, wie oft in Ihrem Namen die sich analog den Buchstaben ergebenden Zahlen vorkommen.

In dem Beispiel

**Otto Mustermann**

6 2 2 6  4  3 1 2 5 9 4  1 5 5

sind enthalten:

| | | |
|---|---|---|
| **die 1** | **2x** | II |
| **die 2** | **3x** | III |
| **die 3** | **1x** | I |
| **die 4** | **2x** | II |
| **die 5** | **3x** | III |
| **die 6** | **2x** | II |
| **die 7** | **0x** | - |
| **die 8** | **0x** | - |
| **die 9** | **1x** | I |

Um jede dieser im Saturnquadrat enthaltenen Zahlen wird nun entsprechend ihrer Häufigkeit ein Ring gezeichnet.

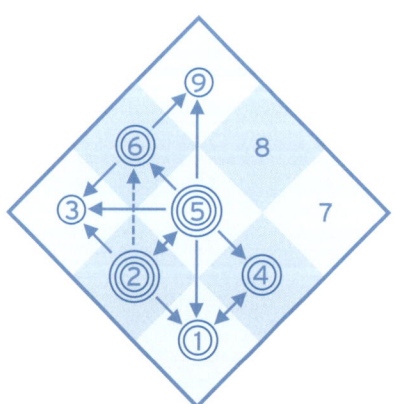

Je mehr Schwingungsringe seelischer Energie eine Zahl aufweist,
desto stärker ist das Bewusstsein für
die dieser Zahl zugeordneten Fähigkeiten, die je nach Alltagssituation
instinktiv abgerufen werden können. Mit der Anzahl der in die entsprechenden Felder eingetragenen
Ringe wird zusätzlich die Intensität
der Energiequellen offenbart. Somit
können Sie herausfinden, wo Ihre
Stärken und wo Ihre Schwächen
liegen. Oder die Ihrer Mitmenschen.

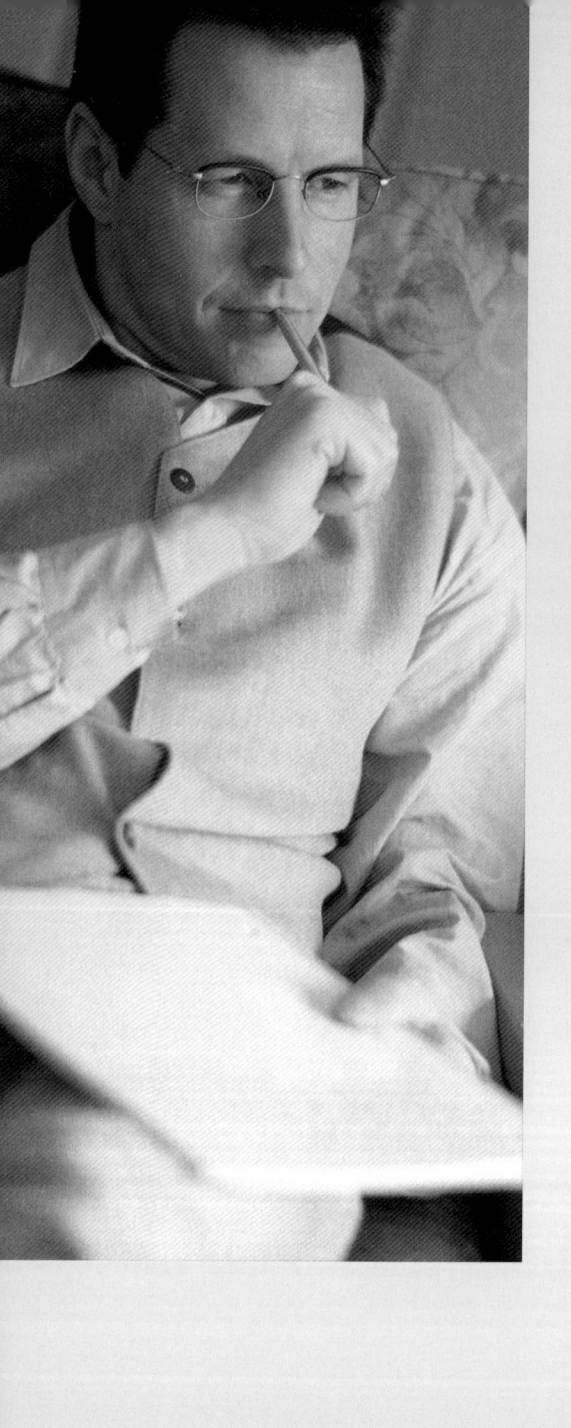

# Von eins bis zehn

## die innere Bedeutung der Zahlen

# Die Zahlensymbolik

Dem Philosophen und Mathematiker Pythagoras verdanken wir die Entwicklung des dekadischen Systems, beruhend auf der Grundzahl 10. Die ungeraden, impulsgebenden Zahlen, 1 – 3 – 5 – 7 – 9, sind dem Männlichen, Ruhenden zugeordnet, gelten als extrovertiert und repräsentieren überwiegend die physische Ebene.

Die geraden, impulsempfangenden Zahlen, 2– 4 – 6 – 8, sind dem Unbegrenzten zugeordnet, da sie teilbar sind, dem Weiblichen, Bewegten, gelten als introvertiert und repräsentieren mehr die psychische Ebene.

Die 1 nimmt eine Sonderstellung ein, sie ist die Einheit, aus deren Teilung alle Zahlen hervorgegangen sind. Sie gilt als männlich und weiblich zugleich und ist das Fundament aller anderen Zahlen. Sie ist in der Geometrie der Punkt. Eine vollkommene Zahl ist die Zahl, deren Divisoren die Zahl selbst ergeben, es ist die 6, denn $1 + 2 + 3 = 6$. Die biblische Vollendungszahl. Die Zahl 10 ist die vollkommenste, da sie die Summe der ersten vier Zahlen darstellt: $1 + 2 + 3 + 4 = 10$. Alle weiteren Zahlen sind Zusammensetzungen dieser vier Grundzahlen.

Bleibt nur noch die 0. Sind Sie schon einmal so genannt worden und waren dann zutiefst beleidigt? Völlig unnötig, sogar im Bankgeschäft lernt man als Erstes den Respekt vor den Nullen.

In der Numerologie ist sie das Rad des Schicksals, das Rad des Lebens, das sich unaufhörlich dreht. Die Entstehung des Alls, des großen Nichts, aus dem alles kommt und in dem alles wieder verschwindet.

## Die 1

**Qualität: impulsgebend.
Der 1 sind als einziger Zahl drei Elemente zugeordnet.**
Das Feuer mit der Farbe Zinnoberrot, das feurige Element.
Das Wasser mit der Farbe Hellviolett, das flüssige Element.
Die Luft mit der Farbe Himmelblau, das geistige Element.
Die 1 bedeutet: Patriarchat, Autorität und Dominanz sowie Identitätsbewusstsein und Geradlinigkeit. Bei dieser Zahl werden die Ich-Energien in den Vordergrund gestellt. Sie symbolisiert die unbändige Lebenskraft, die auch bei den allerschwersten sich im Alltag ergebenden Schwierigkeiten überdurch-

schnittliche Widerstandskraft aufbringt, um einmal gesetzte Ziele konsequent zu verfolgen, aber zugleich die innere Stärke hat, bei Nichtgelingen, trotz allen Einsatzes, dieses schmerzliche Erlebnis als positive Erfahrung zu verwerten.

Führungsqualitäten zu haben bedeutet, als Kapital das Ich einzusetzen, aus dem Selbstwert heraus zu entscheiden, unabhängig von der Meinung des Umfeldes. Achtung! Der Wille zum Siegen sollte nicht dazu führen, dass Toleranz zum Fremdwort wird. Das individuelle Machtbedürfnis kann zu einem Zwang werden, alles in der Umgebung beherrschen zu wollen. Das ist riskant, denn zwischen Rechthaben und Rechthaberei sind die Grenzen fließend.

Verantwortungsbewusstsein, in hohem Maße mitgegeben, bedeutet aber auch, unter gewissen Gegebenheiten den Punkt zu erkennen, an welchem Unnachgiebigkeit zu schädlichem Starrsinn führt. Man darf das enorme Energiepotenzial nicht gegen sich selbst einsetzen. Einsamkeit wäre programmiert, und gerade diese ist vom Karma nicht vorgesehen.

## Die 1 als Schicksalszahl

Das Ego. Sie symbolisiert das kosmische Urfeuer, Schaffen und Zerstörungskraft. Zwingt das Ego für alle Lebensumstände, ob positive oder negative, die volle Verantwortung zu übernehmen.

Hindernisse als Herausforderung anzunehmen und nicht als Problem zu sehen, sondern Kraft des eigenen Willens zu lösen, auch wenn das keine Garantie für einen Erfolg ist.

## Die 1 im Persönlichkeitstyp

stellt Sie auf die Sonnenseite des Lebens, macht Sie zu einem Menschen, der sich im Alltag gut zurechtfindet. Kampfgeist und Selbstbewusstsein sind Merkmale, genauso wie eine überdimensionierte Kritikempfindlichkeit.

Als willensstarker Typ haben Sie die Grundschwingung in sich, sich nicht an Ihr Umfeld anzupassen, sobald Sie spüren, dass andere Sie manipulieren wollen. Sie empfinden das als Freiheitsberaubung. Die Ursache dafür ist nicht etwa eine angeborene oder anerzogene Oppositionshaltung, sondern Ihr ausgeprägtes Bewusstsein für Ihre Identität und gelebte Individualität. Ratschläge lehnen Sie jedoch nicht grundsätzlich ab, sofern sie vor

Ihrem scharfen Verstand bestehen. Das ist Voraussetzung, bevor Sie sich diese zu Eigen machen.

Es macht Ihnen nichts aus, in der zweiten Reihe zu stehen und hier der hundertprozentig verlässliche Partner zu sein. Für die dritte Reihe stehen Sie jedoch nicht mehr zur Verfügung. Dort fühlen Sie sich in Ihren Ihnen von Natur aus mitgegebenen Führungsqualitäten unterbewertet.

Das nimmt Ihnen die Motivation. Die angeborene Fähigkeit, methodisch zu planen und zu wissen, dass Sie vieles aus eigener Anstrengung heraus erreichen können, beeinflusst häufig, wenn auch unbewusst, Ihre Entscheidungen.

Kraft und Ausdauer ist der 1 in die Wiege gelegt worden, auch das Wissen, das Glück nicht vom Himmel fällt, sondern das Ergebnis von – häufig langjähriger – Anstrengung und Vorbereitung ist.

Sie verlassen sich überwiegend auf sich selbst, auch wenn das nicht immer ein Vorteil ist und Ihnen nicht nur Sympathien einbringt.

Es bedeutet, die Rücksichtslosigkeit des Siegertyps in sich zu tragen, verbissen kämpfend, Schwächlinge nicht duldend. Das eigene Feuer, die eigene Durchsetzungskraft als Maßstab zu nehmen hat so seine Tücken.

Es kann schnell den Ruf einbringen, mit dem Kopf durch die Wand zu wollen, nur sich selbst zu kennen und sich über die Wünsche der Mitmenschen hinwegzusetzen. Unbeherrschtheit und Ungeduld können das Zusammenleben mit Ihnen ganz schön anstrengend werden lassen. Nicht ungefährlich für Sie ist es, Ihre Handlungen privat oder insbesondere bei der Berufswahl von Ihrem Geltungsbedürfnis bestimmen zu lassen sowie Ihre Kräfte zu überschätzen. Nervöse Erschöpfungszustände und Stoffwechselkrankheiten, der 1 zugeordnet, können die Folge sein.

**Und welche Edelsteine passen zu Ihnen? Der Topas und der Saphir.**

Der Topas gilt als Stein der Sonne, war immer ein Stein der Herrscher. Er fördert das Streben nach Ruhm und Anerkennung, ohne dabei die Realität zu vernachlässigen.

Der blaue Saphir wirkt beruhigend und bringt Klarheit in die Gedanken. Als Stein des Saturns repräsentiert er außerdem die astrale Magie. Er verleiht Ihnen eine magische Ausstrahlung.

Und wenn Sie mal relaxen wollen: Suchen Sie sich einen warmen, schattigen Platz, wo Sie alles im Blick haben, das ist Ihr Kraftplatz.

## Die 2

Qualität: **impulsempfangend.
Der 2 sind die Elemente Feuer
und Erde zugeordnet.**
Das Feuer mit der Farbe Dunkelrot,
missionsausgerichtet.
Die Erde mit der Farbe Grasgrün,
das Erdverbundene. Sie ist die Zahl
der Polarität, das heißt, der Zwang
nach dem Ergänzenden zu streben,
nach dem Element, das man nicht
hat, ist Grundschwingung, das
Wissen um die charakterliche
Gegensätzlichkeit.
Das ist die Ur-Sache für die zerstöre-
rische Kraft des Zweifels, aber auch
die Ur-Kraft der Entscheidung, sich
mit einem Ziel zu identifizieren

und es zu erreichen, sich selbst zu
verwirklichen.
Zu wissen, dass der Tag nicht mit
der Nacht verschmelzen kann, aber
die Fähigkeit zu haben, sich im
Bereich des Lichtes genauso wie
im Reich des Schattens bewegen
zu können.
Verstand und Gefühl, beides
getrennt einzusetzen, ohne den
Vorteil für das Ich aus den Augen
zu verlieren.
Die Anpassungsfähigkeit geht bis
an die Grenze der Hingabe. Die 2
beinhaltet eine gelebte Verbindlichkeit und Hilfsbereitschaft, die be-
schützt, ohne das Risiko für die eigene Person abzuwägen. Intuitive
Begabungen, insbesondere über-

sinnliche Fähigkeiten, dem Okkulten gegenüber sehr aufgeschlossen; dieser Hang zum Okkulten erfordert ein hohes Maß an Selbstkontrolle. Der Hang zum Extremen ist in übersteigerter Form der 2 vorbehalten. Verborgene Heilkräfte können abgerufen und geschult werden.

Disziplin und Ordnung sind nicht Sache der 2. Werden Menschen mit der Schicksalszahl 2 in eine Schablone gepresst – häufig geht es nicht anders –, werden sie krank.

## Die 2 als Schicksalszahl

Die Zahl der Polarität, die Naturkraft des Männlichen und des Weiblichen. Die berühmten zwei Seelen in der Brust machen den Lebensweg problematisch. Wechselnde Stimmungen, hin und her gerissen zwischen Herz und Verstand, führen zu Unentschlossenheit, machen das Bestimmen des Selbstwertes schwer. Die Dualität der 2, der bewusste und unbewusste Verstand sind ein inneres Spannungsfeld, das beherrscht und kanalisiert werden muss. Das Karma der Zahl 2, sich selbst zu lieben und anzuerkennen, das will gelernt sein.

## Die 2 im Persönlichkeitstyp

Die Kombination von Gefühl und Denken erzeugt ein großes Bedürfnis nach Abwechslung. Das trifft auf alle denkbaren Beziehungen und Ebenen zu und macht für Sie eine Partnerschaft nicht leicht. Sehr gefühlvoll und fürsorglich, sind Sie geradezu prädestiniert dazu, eine so genannte heile Welt zu schaffen in Partnerschaft und in der Familie. Hier liegt Ihre große Stärke in einer angeborenen Anpassungsfähigkeit und Verbindlichkeit. Zwischenmenschliche Beziehungen aufzubauen fällt Ihnen leicht, da Sie intuitiv in der Lage sind, sich mit gegensätzlichen Standpunkten auseinander zu setzen. Verpflichtungen über längere Zeiträume hinaus einzugehen bedeutet für Sie kein Problem, jedoch Ihre Versprechungen immer einzuhalten, das ist für Sie schwierig. Die Ursache dafür ist ein angeborener Optimismus, sich schon immer im Ziel zu wähnen, auch wenn dieses noch weit entfernt ist.

Sie besitzen eine übergroße Feinfühligkeit. Wer Ihr großes Mitgefühl ausnutzt und den Bogen überspannt, den können Sie fallen lassen wie eine heiße Kartoffel und dann sehr nachtragend sein.

In der Berufswahl sollten Ihre künstlerischen Fähigkeiten mit berücksichtigt werden. Ist das nicht möglich, versuchen Sie, die vorhandenen Talente als Hobby zu leben. Es führt zu einem seelischen Ausgleich, der enorm wichtig ist, um das vorhandene Spannungsfeld zwischen Gegensätzen zu entschärfen und damit Gelassenheit zu erreichen.

Ihre verbindliche Art und das Talent, sich in jede Situation hineinzuversetzen, lässt Sie zum idealen Verbindungsmann bzw. Berater werden. Sehr empfindsam und gefühlsbetont, sollten die Herren der Schöpfung auf die richtige Partnerin achten, damit sie nicht als Weichei verkannt werden, nur weil sie ein weiches Herz haben.

Ein Betätigungsfeld im psychologischen oder heilenden Beruf ist nicht verkehrt.

Vermeidbar ist der Stress, der dadurch entsteht, dass aufgrund der vielseitigen Begabungen zu viel begonnen wird, obwohl von vornherein klar ist, dass schon allein aus Zeitgründen einige der Vorhaben scheitern werden. Das ist sehr schade, denn die Freude an dem Erreichten wird unnötig getrübt durch das Bedauern darüber, wieder nicht alles Angefangene zu Ende gebracht zu haben. Schwer fällt auch, eine menschliche Schwäche zu bekämpfen, für die die 2 besonders prädestiniert ist: das haben zu wollen, was ein anderer gerade

hat. Dabei sind Sie nicht missgünstig, jedoch der Zwang des Teilhabenwollens ist Ihnen in die Wiege gelegt worden. Zum Glück sind Sie ausreichend mit Diplomatie ausgestattet, um sich das nicht anmerken zu lassen, und Sie überspielen mit Ihrer liebenswürdigen Art intuitiv so manches Unliebenswürdige. Dazu gehört ein aus übergroßer Empfindsamkeit herrührender Stolz, der es Ihnen schwer macht, eine übersteigerte Erwartungshaltung an Personen oder Alltagssituationen zurückzufahren, ohne gekränkt zu sein. Das belastet unnötig die eigenen seelischen Kräfte sowie die zwischenmenschlichen Beziehungen. Die Lebensumstände ändern sich oft sehr unerwartet. Wechselbäder des Lebens sind Schicksal der 2, mal heiß, mal kalt. Was soll's, an Langeweile zu sterben, dieses Schicksal bleibt Ihnen erspart.

### Und diese Edelsteine passen zu Ihnen: Bernstein und Jaspis.

Bernstein stärkt den Glauben an sich selbst, erhöht die positive Ausstrahlung, macht flexibel und hilft dabei, sich oft zu überwinden, um Unangenehmes friedlich zu lösen.

Jaspis, das Durchsetzungsvermögen, um sich eigene Phantasien und Wünsche zu erfüllen, wird gestärkt. Der grüne Jaspis sorgt für seelische Ausgeglichenheit, regt den Kreislauf an und stärkt das Immunsystem.

Und wenn Sie mal relaxen wollen: Höhlen und sprudelnde Quellen sind Ihre Kraftplätze.

## Die 3

### Qualität: impulsgebend
### Der 3 ist das Element Luft zugeordnet.

Die Luft mit der Farbe Silberblau, die Leichtigkeit.

Es ist die erste Zahl mit einem Anfang, einer Mitte und einem Ende. Einzelheiten und Details interessieren nicht so sehr, der Blick aufs Ganze ist typischer. Das liegt an der Symbolik: Anfang – Mitte – Ende, das heißt, der Gesamtüberblick ist in die Wiege gelegt.

Die 3 wird im Numeroskop als uranische Hochspannungsenergie bezeichnet. Dem «Denken werden sozusagen Flügel verliehen». Ein zielorientiertes Handeln ist Voraussetzung, um in der Fülle der kreativen Ideen nicht unterzugehen. Abzuschätzen, was ist machbar, was nicht, ist lebensbestimmend, gestaltet den Alltag.

Eine gewisse Originalität des Denkens führt oft in das Eigenbrötlerische. Hier sollte aufgepasst werden, denn die Grenze, zu welchem Zeitpunkt man sich von den zwischenmenschlichen Beziehungen abkapselt, ist fließend. Dabei ist es gerade die 3, welche eine starke Neigung hin zu Ehe und Familie hat, mit all den sich daraus ergebenden, nicht immer fröhlichen Folgen. Die von Natur aus mitgegebene Leistungsbereitschaft und das effektive Durchsetzungsvermögen sind in einer männlich dominierten Gesellschaft für die Herren der Schöpfung ein Imagevorteil, während die Damen bei gleicher Veranlagung als Emanze ein etwas belächeltes Ansehen haben. Die Kräftemobilisierung erfordert hier mehr körperliche sowie seelische und geistige Energie. Die 3 ist schwierig auf den Alltag zu übertragen.

## Die 3 als Schicksalszahl

symbolisiert Tatkraft und Durchsetzungsvermögen. Menschen mit dieser Schicksalszahl stehen meist unter dem Zwang, das, was sie begonnen haben, zu Ende zu führen. Das bedeutet, unterschwellig entsteht eine Nervosität, wenn angefangene Alltagsaufgaben oder große berufliche Herausforderungen nicht beendet werden können. Das wirkt sich nicht nur seelisch und geistig belastend aus, es führt auch zu überdurchschnittlichen körperlichen Anfälligkeiten mit dem Ergebnis chronischer, wenn auch leichter Erkrankungen. Es ist deshalb ratsam, sich in seinem privaten wie auch beruflichen

Engagement auf Machbares zu beschränken. Viele Interessen lassen
sich nicht immer miteinander zur
gleichen Zeit verbinden. Da kann
einiges in der Persönlichkeitsstruk-
tur verloren gehen. Das Gebot der
3 lautet: «Wahre dein Ich».

## Die 3 im Persönlichkeitstyp

Gedacht, getan und durchgesetzt,
erfinderische Fähigkeiten ohne
Ende. Als geborener Tüftler sind Sie
ständig mit irgendetwas beschäf-
tigt, wenn man Sie lässt. Überdurchschnittliche Einsatzbereit-
schaft wird aufgebracht, wenn es

darum geht, ein Ziel zu erreichen. Aber wehe, wenn das nicht so funktioniert wie geplant, dann kann schon mal die Zerstörungswut die Oberhand gewinnen, und das so wundervolle Endprodukt wird kurz vor der Fertigstellung kurzerhand vernichtet. Eine Wiederholung oder Neuauflage gibt es nicht, eher wird eine andere tolle Idee in die Tat umgesetzt.

Menschen mit der 3 als dominierender Zahl kommen ohne eine gewisse Ordnung im Leben nicht gut zurecht. Es raubt ihnen die innere Ruhe und blockiert die Handlungsfähigkeit in anderen Bereichen. Wenn die kreative künstlerische Begabung, die die 3 symbolisiert, nicht ausgelebt wird, kann das für die Gesundheit fatale Folgen haben. Eine unharmonische Partnerschaft wirkt sich besonders negativ auf die Aktivität der eigenen Persönlichkeit aus, da sie die vorgegebene Schwingung der 3 ständig hemmt und damit eine Unausgeglichenheit herbeiführt, die diesem Charakter nicht liegt.

Im Umgang mit den Mitmenschen äußerst höflich und zuvorkommend, wird Ihnen kaum ein Bein gestellt. Trotz rein gefühlsmäßiger Zurückhaltung sind Sie für die Ehe wie geschaffen. Eine Dreisamkeit, Vater-Mutter-Kind, ist Ihnen lebenswichtig. Eine berufliche Schablone, welche die charakterliche

Entscheidungskraft beschneidet oder unterdrückt, geht Menschen mit der 3 besonders aufs Gemüt. Als Ausgleich kann ein Hobby gewählt werden, das Entscheidungen fordert, deren Ergebnisse als Erfolg und Freude zu Ihnen zurückkommen, z. B. Tierzucht, Blumenzucht oder Ähnliches.

Der unbewusste Wunsch nach Anerkennung verführt oft dazu, sich den Kreis auszusuchen, der aus eigener Sicht zu einem passt. Das behindert die seelische Entwicklung, die vom Schicksal vorgegeben ist. Ein kämpferisches Grundgefühl wird eingesetzt, um andere zu ändern, nur nicht sich selbst. Toleranz zu erwerben und zu verinnerlichen ist das Gebot.

**Und diese Edelsteine passen zu Ihnen: Beryll und Peridot.**

Beryll hilft bei Nervosität, emotionalen Ausbrüchen und Überbelastung. Er wirkt entgiftend und ausgleichend auf das Nervensystem. Der Peridot hilft, aufgestauten Ärger und Wut zu entladen.

Und wenn Sie mal relaxen wollen: Ein Platz mit warmer Vormittagssonne unter Eichen, das ist Ihr Kraftplatz.

## Die 4

**Qualität: impulsempfangend
Der 4 sind die folgenden Elemente zugeordnet:**
Das Feuer mit der Farbe Dunkelorange, das Erdbezogene.
Das Wasser mit der Farbe Hellgrün, die Beweglichkeit.
Als Ordnungszahl symbolisiert sie Aufrichtigkeit, Verlässlichkeit und das Wohlstandsbewusstsein. Der Träger dieser Zahl bringt gute Voraussetzungen mit, um im gesellschaftlichen Umfeld eine führende Position einzunehmen.
Kaufmännische, praktische und handwerkliche Begabungen, alles solide geerdet, verbunden mit einem untrüglichen Instinkt für das Machbare, sowie ein tief verwurzeltes Traditionsbewusstsein bestimmen oft die Handlungen.
Die Neigung, den Alltag logisch zu gestalten, macht Ihnen und Ihren Partnern, besonders wenn diese gefühlsbetont sind, das Zusammenleben nicht einfach, zumal Sie oft Recht haben und gegen Ihre Redegewandtheit kaum anzukommen ist. Pragmatisch stapelbar und praktisch, so hätten Sie es gern. Der Logik wird Vorrang eingeräumt, Gefühle sind nachgeordnet, obwohl Sie sehr familienorientiert sind.
Schon der gesellschaftlichen Ordnung halber ist Ihnen ein Leben ohne Familie kaum vorstellbar.

## Die Schicksalszahl 4

verstärkt den Sinn für das konkrete Denken in der materiellen Welt. Sie schärft den Realitätssinn, symbolisiert die Eigenschaft, nicht nur mit Worten zu überzeugen. Das Wort Ruhe hat vier Buchstaben.
Wir kennen den Spruch: «In der Ruhe liegt die Kraft.»
Die Sehnsucht nach Ordnung, nach Disziplin im individuellen Leben kann für Partnerschaften belastend sein. Mit Ungenauigkeiten zu leben, ohne sich davon beeinflussen zu lassen, ist äußerst schwierig, aber wichtig für eine seelische Ausgewogenheit. Das Leben besteht nicht nur aus verstandesmäßigem Denken. Das zu begreifen ist notwendig.

## Die 4 im Persönlichkeitstyp

zeigt gute Veranlagungen an, eine Führungsrolle zu übernehmen und diese sachlich und gerecht auszufüllen. In der Familie findet besonders Ihr ausgeprägtes Wohlstandsbewusstsein Anerkennung, natürlich nicht nur weil es Ihnen gelingt, die Finanzen zu regeln und alles so schön zusammenzuhalten, sondern weil es immer sehr beruhigend und erfreulich ist, einen Notgroschen auf zwei Beinen zu haben.

Genießen Sie diese Position und verdrängen Sie das Gefühl, Sie würden nur wegen des lieben Geldes beachtet. In Ihrer Natur liegt es sowieso nicht, noch das letzte Hemd auszuziehen. Das praktische und logische Denken überwiegt. Es muss alles passen, dann sind Sie in Ihrem Element. Sobald Zweifel aufkommen, werden Sie kritisch, hin bis zur Sturheit und Rechthaberei. Das macht Sie ab und zu unsympathisch, auch wenn Sie es nur gut meinen. Eine angeborene Scheu vor Risiken hindert Sie oft daran, sich an Unternehmen zu wagen oder zu beteiligen, deren Konsequenzen nicht klar überschaubar sind. Das ist oft schade, denn eine Beharrlichkeit, die zum Erreichen eines Zieles führt, ist Ihnen von Natur aus mitgegeben sowie eine intensive Konzentrationsfähigkeit.

Vertrauen ist eine Grundbedingung, um eine sichere Partnerschaft aufzubauen. Dasselbe gilt für Freundschaften und Geschäftsbeziehungen. Wer Sie auch nur ein einziges Mal tief enttäuscht, ist für Sie erledigt, während Sie mit den kleinen Notlügen Ihrer Mitmenschen gut leben können, wenn auch häufig nur kopfschüttelnd. Wenn Sie merken, dass Sie einen falschen Weg eingeschlagen haben, kostet es Sie enorme innere Kämpfe, um das zu akzeptieren und zu berichtigen. Dann wollen Sie mit

sich allein sein; wenn dann noch viel gefragt wird: «Was hast du denn?», werden Sie ungemütlich.
**Und diese Edelsteine passen zu Ihnen: Onyx und Achat.**
Onyx hilft, eigene Ziele konsequent zu verfolgen sowie schlüssig und bestimmt zu argumentieren.
Der Achat fördert die bewusste Verarbeitung unserer Lebenserfahrungen und bringt damit geistige Reife und Wachstum.
Und wenn Sie mal relaxen wollen: Mauern und Ecken historischer Bauten, von denen Sie einen Ausblick auf fruchtbare Erde haben, das sind Ihre Kraftplätze.

## Die 5

### Qualität: impulsgebend
**Der 5 ist das Element Wasser zugeordnet.**
Das Wasser mit der Farbe Rot, der Lebensstrom.
Die Zahl des Lebendigen, des Wissens um die eigene Stärke, deren Quelle unsere fünf Sinne sind, das Wahrnehmungsvermögen. Das Herz des individuellen Energiemusters im Zentrum des Namensdiagramms. Der eine hat dort die Energie eines Rasenmähers, der andere die Kraft einer Turbine, und wem die 5 fehlt, der ist halt eine freischwebende Konstruktion, offen für alles. Immer neugierig und opti-

mistisch. Die Sonnenseite des Schicksals wird unbedenklich genossen, genau wie Rückschläge beruflicher oder privater Natur häufig gelassen ertragen werden. Die Sinnenfreude und die Experimentierlust kennen kaum Grenzen. Führungspositionen zu erringen ist einfacher, als diese zu halten. Das liegt an der angeborenen Flexibilität des Sachverstandes und der Expansionsfähigkeit. Genau diese Tugenden sind nicht immer gefragt. Da die Grundschwingung der 5 jedoch Lernfähigkeit und Ausdehnung beinhaltet, ist ein an Grenzen stoßender Tatendrang schwer zu akzeptieren.

Hilfreich ist dabei der Sachverstand, der im Alltag die organisierende Kraft ist, um die Nähe zur Realität nicht zu verlieren. Wissenschaft und Religion haben einen hohen Stellenwert.

## Die 5 als Schicksalszahl

ist das halbe Leben. Das Recht eines jeden, seine fünf Sinne einzusetzen, um seine angeborenen Talente und Fähigkeiten zu entwickeln. In aller Freiheit zu entscheiden, wie und wann er dieselben einsetzt. Es ist der Selbstwert und damit verbunden, «die Würde der Persönlichkeit zu wahren», die Persönlichkeit und die Urteilskraft an den Heraus-

forderungen des Alltags zu entwickeln. Als Mensch mit der Schicksalszahl 5 befinden Sie sich in der glücklichen Lage, sich jeder Situation gut anzupassen. Schwierigkeiten entstehen nur dadurch, dass es Ihnen schwer fällt, Ihre Sinne zu zügeln, und Sie dadurch oft über ein Ziel hinausschießen. Das betrifft aber eher Ihre Sehnsucht, sich für Ihre Leistungen Anerkennung zu verschaffen.

## Die 5 im Persönlichkeitstyp

Sehr gesellig und tolerant, von Natur aus fröhlich, gehen Sie zwar keinem Problem aus dem Weg, hassen es jedoch, wenn aus einer Mücke ein Elefant gemacht wird und auf Problemsituationen ständig herumgekaut wird. Ihre Überzeugung ist eher, die Dinge zu lösen oder, wenn das nicht möglich ist, auf sich beruhen zu lassen.

Gesellschaftliche Kontakte sind wichtig. Die Vielseitigkeit der angeborenen Talente reicht vom Künstlerischen bis zum Technischen, begabt und interessiert, mit einer guten Rednergabe versehen, sind Sie selbst ein guter Gesellschafter, gehen aber aufgrund Ihres prüfenden Verstandes flachen oder nichts sagenden Gesprächen aus dem Weg. Eine optimale Kombination aus Gefühl und Denken bringt künstlerisch Begabten große Erfolge. Die Kreativität des Unbewussten in der Persönlichkeit führt allerdings oft zu Sprunghaftigkeit, sodass gute Ideen, die sich mit Geduld zu überragenden Ergebnissen entwickeln lassen, oft einem neuen Einfall geopfert werden.

Damit wird zwar eine Vielseitigkeit erworben, jedoch das eine Außergewöhnliche nicht erreicht.

Das Materielle wird dem ideellen Denken nachgeordnet. Das kann zu wirtschaftlichen Fehleinschätzungen bis hin zu üblen Rückschlägen führen. Mit den sich dann daraus ergebenden Beschränkungen können Sie gut umgehen und fallen deshalb immer wieder rasch auf die Beine. Mut zum Weitermachen ist die Grundschwingung, auch wenn die Enttäuschungen sich häufen. Niederlagen können Ihrem Selbstwertgefühl nicht schaden, im Gegenteil, Sie sehen diese als Erfahrungsschatz.

**Und diese Edelsteine passen zu Ihnen: Topas und Malachit.**

Topas hilft Ihnen, Ihre Taten und damit sich selbst ins richtige Licht zu setzen. Stärkt Ihre Selbstsicherheit und das Bewusstsein für die eigene Wichtigkeit.

Der Malachit regt zum Träumen an, senkt die psychische Hemmschwelle und fördert den Gefühlsausdruck.

Und wenn Sie mal relaxen wollen: Wo der Wind leise und schmeichelnd weht, dort ist Ihr Kraftplatz.

## Die 6

**Qualität: impulsempfangend**
**Der 6 ist das Element Erde zugeordnet.**

Die Erde mit der Farbe Opal, die Farbenpracht der Schöpfung, die Vielfalt.

Sie ist vielseitig in ihrer Symbolik, dreimal die 2, die gefühlsmäßige intuitive Entscheidungskraft.

Menschen mit der 6 müssen ihre Liebe ausstrahlen, um sich wie in einem Spiegel der Zuneigung ihrer Mitmenschen wiederzuerkennen. Aus diesem Echoeffekt ziehen sie ihre Lebenskraft, ihre Lebenslust und Leidenschaftlichkeit. Ihr angeborener Instinkt bzw. ihr Sinn für alles Schöne macht sie leicht verführbar. Allein schon die Vorstellungskraft, wie etwas sein könnte, setzt Aktivitäten in Gang. Sie schließen dann gegen jedes bessere Wissen die Augen, um ihre Wunschvorstellungen zu realisieren, opfern dafür oft ihr Herzblut. Der höchste Einsatz wird erbracht, um anderen Freude zu geben und deren Glück dann ausgiebig als Echo zu genießen. Bleibt dieser Echoeffekt aus, fehlt die Motivation, und der Kraftimpuls geht verloren. Die künstlerischen Veranlagungen, die an und für sich gelebt und gepflegt werden, egal ob als Hobby oder Beruf, sind davon besonders betroffen. Was oft als Launenhaftigkeit und Empfindlichkeit angesehen wird, ist in Wirklichkeit nur eine übergroße Reaktion aufgrund Ihrer eigenen ausgeprägten Sensibilität.

Menschen mit der 6 können ohne gesellschaftliche Kontakte nicht leben, spüren jedoch, ob Beifall aus dem Herzen kommt und die eigenen Gefühlsregungen reflektiert werden oder nur aus Höflichkeit gespendet wird. Damit können sie nicht umgehen, es beschädigt ihre Identität. Bevor das geschehen kann, ziehen sie sich zurück.

In der 6 ist zweimal die 3 enthalten, das Durchsetzungsvermögen verbunden mit Entscheidungsfähigkeit, dem Impuls zur Tat. Diese Symbolik wird der 6 in der Intellektlinie zugeordnet, ist aber charakterlich Grundschwingung. Die graphische Darstellung, das Doppeldreieck in der hermetisch mystischen Tradition, der Sechsstern, bedeutet das Ineinander von Makrokosmos und Mikrokosmos. Das nach oben zeigende Dreieck symbolisiert das Gute, nach oben Strebende des Schaffenden, während das nach unten Weisende das Materielle, Zerstörende zeigt.

## Die 6 als Schicksalszahl

Liebe und Treue sind die Schlüsselworte, jedoch nur bei Gegenseitigkeit.

Menschen mit der Schicksalszahl 6 leben für die Liebe. Sie strahlen sie aus, verschenken sie und bekommen sie als Echo zurück. Es ist ihr Lebenselixier. Die Gefahr, dass in zwischenmenschlichen Beziehungen die Tendenz besteht, einen Teil der eigenen Persönlichkeit auf andere zu übertragen, wird daher schlicht verkannt. Romantik prägt die erotische Energie. Deshalb ist ein Hang zu wechselnden Liebesabenteuern nicht auszuschließen. Gegen diese Neigung anzukommen gelingt nur mit einem Partner, der in der Erotik über viel Phantasie verfügt oder sich beflügeln lässt und ebenfalls neue Grenzen setzt. Sie werden schicksalsmäßig oft in Versuchung geführt und müssen lernen, den Verlockungen des Lebens zu widerstehen, Stabilität und Gelassenheit zum Lebensmotto zu ernennen. Ausgeglichenheit ist Lebensthema.

### Die 6 im Persönlichkeitstyp

«Die Liebe ist der Versuch der Natur, den Verstand aus dem Weg zu räumen» (Thomas Niederreuter). Liebe spielt die Hauptrolle bei der 6. Von der Venus beeinflusst und häufigen Versuchungen unterworfen, das macht Treue halt schwer. Das ist nicht der einzige Stolperstein in der Partnerschaft. Die große Erwartungshaltung, beinahe zwanghafte Wunschvorstellung und Phantasie, der Traum von der Vollkommenheit der Liebe, kann zum Albtraum werden, insbesondere für den Partner. Dieses ist die Klippe, an der auch eine noch so große Liebe scheitern kann.

Der daraus entstehende Erfüllungsdruck überfordert die meisten. Vorwürfe und Selbstvorwürfe helfen nicht, solange sie emotional geführt werden. Da ist es schon besser, den Verstand einzusetzen sowie die Liebe zur Wahrheit. Das sind ebenfalls Merkmale der 6, sie kann Gefühle analysieren und auf diese Art und Weise das Selbstbild revidieren. Als impulsempfangende Zahl ist in der 6 ein großes Anziehungspotenzial vorhanden, dem die Umwelt schnell erliegt. Ein Faible für Kunst und die Freude an den schönen Dingen des Lebens sind ein Nährboden für eine künstlerische Tätigkeit. Hier wird die dafür notwendige Disziplin aufgebracht, während es im Alltag nicht so gut funktioniert.

Dafür ist man als Weggefährte im Guten wie im Bösen, durch dick und dünn, bedingungslos sich aufopfernd, ein heutzutage immer seltener werdendes Exemplar.

**Und diese Edelsteine passen zu Ihnen: Achat und Granat.**

Achat vermittelt Schutz, Geborgenheit und Sicherheit, indem er innere Spannungen löst.

Der Granat ist der Krisenstein, wenn der Alltag übermäßig schwierig wird. Er schenkt Mut, Hoffnung und Zuversicht.

Und wenn Sie mal relaxen wollen: Warme, hell durchflutete Lichtungen sind Ihre Kraftplätze.

Sachverstandes. Instinktives Erfassen und danach zu handeln führt zu geistigem Wachstum. Das muss nicht bedeuten, dass es parallel dazu auch zu materiellem Wachstum führt.

Dem Umgang mit der Zeit wird große Bedeutung zugesprochen, denn die 7 symbolisiert den Gott Chronos, die Zeit.

Besitzer dieser Zahl dürfen schon mal Zeit verschwenden, um ihre Ziele zu erreichen, vergeuden sollten sie diese jedoch nicht.

Der Satz «In der Endabrechnung erhalten wir keine Stunde zurück» gilt für sie besonders.

## Die 7

### Qualität: impulsgebend
### Der 7 ist das Element Wasser zugeordnet.

Das Wasser mit der Farbe Braunschwarz, das Aufwühlende.

Die 7 symbolisiert das Geheimnis des Seins und erinnert daran, dass das Leben bewusst für sich selbst sowie im Verständnis für seine Mitmenschen und im Einklang mit der Natur und ihren Kreaturen gelebt werden muss. Sie ist eine impulsgebende Kraft und bedeutet, das instinktive Erfassen des Machbaren hat Vorrang. Die innere Stimme ist oft wichtiger als die durchaus vorhandene Logik des

## Die Schicksalszahl 7

Das Bewusstsein für den eigenen Wert, nicht für das, was man hat, sondern für das, was man ist. Die Glaubenskraft an sich selbst. Es ist eine extrem symbolträchtige Zahl. Sie weist auf die archaische Tradition des Urinstinktes der Geschöpfe hin, das ererbte Koordinationssystem, Warnung und Vorsicht, die eine Garantie für das Überleben bedeuten.

Analog dem Spektrum des Regenbogens mit seinen sieben Farben, von denen für unsere Augen nur fünf sichtbar sind, ist die 7 in der Numerologie die Brücke zwischen der materiellen Welt und dem Beginn der spirituellen Sphäre. Sie mahnt, die Grundgesetze der Schöpfung nicht zu missachten, indem man eigene Bedürfnisse über ein bestimmtes Maß hinaus steigert und die Vergänglichkeit allen Geschehens aus den Augen verliert. Die 7 symbolisiert den Selbstschutz, ein Instrument, das wir in die Wiege gelegt bekommen und das richtig angewendet zum Sieg durch Selbstvertrauen führt. Es ist das gesunde Misstrauen. Es ist wichtig, die Grenze der eigenen Belastbarkeit klar zu erkennen sowie die Belastbarkeit der zwischenmenschlichen Beziehungen durch unser eigenes Verhalten.

## Die 7 im Persönlichkeitstyp

Sie neigen dazu, sich für andere zu verausgaben, weil zwischenmenschliche Beziehungen sowie Freundschaften und Familie in Ihrem Leben einen viel zu hohen Stellenwert haben.
Emotionale und geistige Gemeinsamkeiten werden sorgfältig gepflegt, auf Bildung, insbesondere des Nachwuchses, wird viel Wert gelegt. Ansichten und Einsichten werden ernst genommen und gewissenhaft auf ihre Glaubwürdigkeit geprüft. Auch Unbewiesenes können Sie verinnerlichen, wenn

es Ihnen logisch erscheint. Diese Lebensphilosophie beschränkt sich nicht nur auf herkömmliche Religionen, sie bezieht sich auf all das, was Ihnen wissenswert erscheint. Man weiß, dass von den sieben Farben im Regenbogen für unser Auge nur fünf sichtbar sind. Somit stellen Sie das Unsichtbare, nicht immer unbedingt zu Beweisende nicht infrage.
Sie wissen um Ihre fast unerschöpfliche Energie, Aktivitäten in Gang zu setzen, die zum Erfolg führen. Leider gelingt es selten, diese schwer erarbeiteten Siege finanziell Gewinn bringend zu verwerten. Eine normale Erklärung, weshalb das überwiegend so abläuft, ist schwer zu finden.
Die 7 symbolisiert die Zeit. Vielleicht erwischen Sie ja nur im Spiel mit dem Schicksal nicht den richtigen Moment? Sind entweder zu früh oder zu spät mit Ihrer Idee? Trotzdem, der Wille zum Erfolg bleibt ungebrochen. Jede Niederlage ist für Sie eine Brücke zum Sieg, ein Stück Weg zu einer charaktervollen Persönlichkeit, die im Rückblick so genanntes Pech liebevoll als Erfahrungsschatz bezeichnet. Sie haben immer ein offenes Ohr für die Probleme anderer, sind um Rat und Tat nicht verlegen, wenn es darum geht zu helfen. Sich selbst zu helfen, das fällt Ihnen entschieden schwerer.

Und diese Edelsteine passen zu Ihnen: **Saphir und Rubin.**
Der Saphir fördert alle Heilungsprozesse, er lindert Schmerzen und wirkt beruhigend.
Rubin bringt Schwung ins Leben. Macht leistungsfähig, mutig und spontan.
Und wenn Sie mal relaxen wollen: Orte, an denen man noch nach Sonnenuntergang die Wärme spürt, sind Ihre Kraftplätze.

## Die 8

### Qualität: **impulsempfangend**
**Der 8 zugeordnet ist das Feuer.**
Das Feuer, feuerrot – glutrot das Leuchtfeuer.
Der Umgang mit der 8 ist nicht einfach, denn sie symbolisiert das Unvorhergesehene und Unberechenbare im Leben. Als Ziffer mit zwei Nullen, den Rädern des Schicksals, gibt es an und für sich nur die Möglichkeit, «zu tun, was zu tun ist» oder «geschehen zu lassen, was geschehen soll».
Die 8 transformiert alle Lebensbereiche, das Gefühlsleben, das Geistige sowie das ökonomische und sachliche Umfeld des Alltags.
Es ist empfehlenswert, sich auf ein ungleichmäßig verlaufendes Leben einzustellen. Dazu gehört, sich auf Verzögerungen, Widerstände und

Unvorhergesehenes, deren Ursprünge im Unbekannten liegen (der 9) innerlich einzustellen, um gewappnet gegen das Schicksal zu sein.
Gerechtigkeitssinn und Harmoniebedürfnis bestimmen das Handeln, ein Bemühen um Ausgleich und das Gefühl für Dankbarkeit sind lebensbestimmend.

## Die 8 als Schicksalszahl

entspricht dem aufsteigenden Mondknoten. Sie ist die Zahl des Unbewussten. Es ist das Dharma, das Schicksal, welches selbst in die Hand genommen werden muss. Der Begriff ist der indischen Astrologie entnommen und verkörpert die Vorstellung, dass jedem Lebewesen eine Aufgabe übertragen wird, die erfüllt werden muss.
Erkenntnis ist das Zauberwort «Nutze dein Schicksal, widerstrebe ihm nicht».

## Die 8 im Persönlichkeitstyp

Die unendliche Schleife. Hier heißt es wachsam zu sein, damit das eigene Verhaltensmuster nicht zur Warteschleife wird, denn der Weg des geringsten Widerstandes ist Ihnen der sympathischste. Der

Preis dafür kann die so genannte verpasste lebensentscheidende Gelegenheit sein, und da die 8 das Zentrum der Geisteslinie ist, können Sie davon ausgehen, dass Sie sich damit noch lange hinterher gedanklich beschäftigen werden. Das Sicherheitsbedürfnis im Materiellen sowie das im Emotionalen sind gleich groß. Um seelisch ausgeglichen zu sein, brauchen Sie beides, allerdings haben Sie von Natur aus die Geduld, die es braucht, um sich immer wieder einzupendeln. Ein ausgeprägter Gerechtigkeitssinn ist Ihnen eigen und macht Ihnen oft sehr zu schaffen. Es ist das Einzige, was Sie wirklich aus dem Gleichgewicht bringen kann. Insbesondere wenn an den misslichen Gegebenheiten nichts zu ändern ist oder die äußeren Widerstände einfach unüberwindlich sind. Obwohl Sie nicht unbedingt ein Glaubensfanatiker sind, spendet Ihnen in solchen Situationen dann auch der Gedanke Trost, dass es außer der irdischen noch eine andere Gerechtigkeit gibt. Sie teilen gern mit anderen ohne große Erwartungshaltung auf ein «Dankeschön». Das Geben ist Ihnen wichtiger, Abgeben eine Selbstverständlichkeit. Ihr realitätsbezogenes Empfinden bewahrt Sie jedoch davor, sich so zu verausgaben, dass es für Sie gefährlich wird. Nach rückwärts blicken Sie selten. Das liegt daran, dass die 8 dem aufsteigenden Mondknoten zugeordnet ist, dem Drachenkopf aufwärts weisend, die nähere Zukunft anstrebend und die Winke des Schicksals erkennend. Mit Ihrem großen Familien- und Gesellschaftssinn sind Sie zu Höchstleistungen fähig, um das benötigte Umfeld für Feste oder andere Gelegenheiten optimal zu organisieren oder künstlerisch zu gestalten. Vorausgesetzt, die Chemie stimmt. Aus reiner Gefälligkeit funktioniert das nicht. Von Natur aus treu, liegt Ihnen das «Ehebrechen» nicht – aber ein bisschen «Biegen», dem können Sie schlecht widerstehen.

Hier liegt die Schattenseite Ihrer Schicksalszahl versteckt.

Denken Sie daran, die Ziffer 8 besteht aus zwei Nullen. Es sind die Räder des Schicksals. Sie sollten aufpassen, dass Sie nicht aus Versehen darunter kommen und schlicht und einfach vom Schicksal überrollt werden.

## Und dieser Edelstein passt zu Ihnen: der Amethyst.

Er stärkt den Gerechtigkeitssinn und das Urteilsvermögen, als Meditationsstein fördert er den Sinn für Spiritualität und die Erkenntnis der Realität des Geistes.

Und wenn Sie mal relaxen wollen: Kraftplätze für Sie sind Feuerstellen jeglicher Art, von der Kerze über den Kamin bis hin zum Vulkan.

## Die 9

**Qualität: impulsgebend**
**Der 9 ist das Element Erde**
**zugeordnet.**

Die Erde mit den Farben Hellgrün
und Lila.
Die spirituelle Ausdruckskraft.
Die 9 symbolisiert die Uridee der
astralen Welt, steht für die Allge-
genwart der unsterblichen Seele.
Sie ist die Zahl, die in der Astralwelt
alle Situationen für die grobstoffliche Welt vorbereitet. Das uns mitgegebene Karma, das Schicksal, das
wir zu erfüllen haben. Es ist eine
okkulte Zahl, geheimnisvoll, die
Zahl des Wandels durch Chaos. In
ihr enthalten ist die 4, die Bodenständigkeit und die Ordnung, und
zugleich die 5, das Leben an sich
mit all seiner Bewegung. Sie symbolisiert eine Schicksalsachse. Die 4
als ordnendes Prinzip, die 9 als auf-
lösendes. Sich dagegen zu stemmen
erschwert den Alltag.
Das Einsetzen für ständig neue
Ideen mit dem festen Willen, das
Begonnene auch zu vollenden, wird
nicht immer gelingen, so die ein-
deutige Aussage der 9. Die Vorwürfe, vieles anzufangen und dann
liegen zu lassen, begleiten den Alltag. Wer damit leben kann, ohne
groß darüber nachzudenken, macht
es richtig, denn das Durchsetzen eigener Werte ist vorrangig. Außerdem: «Öfter mal versuchen ist nicht

die schlechteste Lebensphilosophie.» Idealismus und Begeisterungsvermögen sind Stärken, das
Leben ist Herausforderung. Altes
einzureißen, als Erfahrung zu bewahren und Neues darauf aufzubauen, das macht Ihre Lebensfreude aus, auch wenn Sie dabei als
Rebell verkannt und Ihnen Ihre
Dynamik als Unruhe und Rastlosig-
keit angelastet werden. Sie stehen
auf dem Standpunkt, angeborene
Talente sind himmlische Gaben
und werden wertlos, wenn man sie
nicht liebt, pflegt und den Willen
zum Erfolg hat.

## Die 9 als Schicksalszahl

entspricht dem absteigenden Mondknoten, es ist das Karma. Der Begriff ist der indischen Astrologie entnommen und symbolisiert unter anderem die Reinkarnation. Danach bestimmt das Handeln in früheren Leben das heutige. Die kosmische Macht, ein Rätsel, das unlösbar scheint, fordert einen sich ständig wandelnden Menschen, der, um die ihm gestellte Lebensaufgabe zu erfüllen, seine Lebens- und Wertvorstellungen häufig ändern muss. Keine Aussage als der alte Spruch «Denn erstens kommt es anders und zweitens als du denkst» kann den Charakter der 9 besser beschreiben.

## Die 9 im Persönlichkeitstyp

Die schöpferische Kraft, der immer im Unterbewusstsein lauernde rastlose Trieb, alles Konventionelle verändern zu wollen, egal wie groß das Chaos wird, das daraus entsteht. «Öfter mal was Neues.» Fortschritt ist die Devise des Alltags. Gewohnheit und Trott sind für Sie seelische Fesseln, Stillstand ist Rückschritt. Idealismus, Ideenreichtum, geistiges Gut und Gedankenfreiheit werden dem konkreten Materiellen übergeordnet. Dabei

können Sie der Devise «Arm, aber glücklich» nicht unbedingt Sympathien abgewinnen, jedoch andersherum «Reich, aber unglücklich» schon gar nicht.

Im Kinderspiel «Hopse» ist die 9 der Himmel, und genau in diesen wollen Sie hinein. Wie oft Sie dafür Anlauf nehmen und wieder von vorn anfangen müssen, das steht in den Sternen. Die innere Kraft, es immer wieder zu versuchen, die haben Sie. Es macht Ihnen auch wenig aus, das Alte zu zerstören, um darauf Neues aufzubauen, wenn Sie davon überzeugt sind, dass das Neue das Bessere ist. Beruflich kann Ihnen das große Schwierigkeiten einbringen, schließlich sind nicht alle Sparten auf Weltveränderer programmiert, und die lieben Mitmenschen nehmen auch nicht jeden Weltverbesserer begeistert in die Arme. Und genau hier beginnt Ihr Seiltanz mit der 9. Die richtige Umgebung und ein Partner, der Ihrem eigenen Wirken und Schaffen keine Grenzen setzt (nie versucht, in Ihre Angelegenheiten Ordnung hineinzubringen), jemand, der Sie zwar belächelt, aber Sie mit Ihren möglichen und unmöglichen Einfällen herumwuseln lässt. Sie brauchen keinen Menschen an Ihrer Seite, der Sie bewundert, nein, nur jemanden, der Ihre Wandlungsfähigkeit als das anerkennt, was es ist, Ihr Karma. Das ist das Fundament, auf wel-

chem Sie Ihre Lebensphilosophie ungetrübt leben können, ohne den Boden unter den Füßen zu verlieren. **Und diese Edelsteine passen zu Ihnen: Diamant und Smaragd.**
Der Diamant bringt die Erkenntnis der eigenen Lebenssituation und hilft, Lebensprüfungen zu bestehen.
Er warnt seinen Träger vor drohenden Gefahren, wird er geraubt, bringt er dem unrechtmäßigen Besitzer Unglück.
Der Smaragd fördert geistiges Wachstum, Hellsichtigkeit und den Sinn für Schönheit. Er regt an, intensiv zu leben und zu genießen. Er gilt als Stein für göttliche Eingebungen.
Und wenn Sie mal relaxen wollen: Ihre Kraftplätze sind alle natürlichen Erhöhungen, Böschungen am Fluss, Dünen am Meer oder Gipfel der Berge.

## Die 10

hat eine zentrale Bedeutung. Nicht nur bei den Pythagoreern wird sie als die vollkommenste Zahl betrachtet.
Aus den kabbalistischen Zusammenhängen der 10 Sefiroth, dem Baum des Lebens, lässt sich das gesamte kosmische Wirken entwickeln.
Als der Schöpfer sein vollkommenes Ebenbild schuf, verlieh er ihm eine den 10 Grundideen entsprechende sichtbare Form, die zehn Finger und die zehn Zehen.
Es gibt Bibelinterpreten, die die zehn Gebote dahingehend auslegen, dass sie drei Gebote der Frömmigkeit gegenüber Gott enthalten und sieben über das Verhalten des Einzelnen zum Mitmenschen.
Die 10, die 1 und die 0. Die 1, das Ego, der Einsatz des Ich im Einklang mit der 0, dem unberechenbaren Rad des Schicksals.
Sich dessen bewusst zu sein und danach zu handeln ist die mentale Herausforderung, die nicht immer gemeistert wird.
Es gibt oft keine Erklärung für unvernünftiges Handeln.
«Ich stand wie unter Zwang» oder «Ich konnte nicht anders» ist eine Aussage vieler Betroffener. Wenn sich die Namenszahl 1 aus der 10 errechnet, der 1 und der 0, kann davon ausgegangen werden, dass der Namensträger bis an die Grenzen seiner Belastbarkeit geht und erst aufgibt, wenn er am Boden liegt und erkennt, dass das, was er wollte, nicht erreichbar war und dass er weder an seiner Willenskraft noch an seinem Einsatz gescheitert ist.

47

# Stark oder schwach

## die Energie der Ringe

# Die Wertigkeit der Ringe

Wenn Sie Ihr Namensdiagramm angelegt haben, dann zeigen die meisten Zahlen einen oder mehrere Ringe. Was bedeutet nun die Anzahl der Ringe? Es genügt, wenn Sie berücksichtigen, dass die einer Zahl zugeordnete Symbolik durch die Anzahl der Ringe verstärkt wird. Das gilt für die guten Eigenschaften genauso wie für die weniger guten. Somit kann sich eine sympathische 1 in eine unsympathische verwandeln, wenn es, wie so oft im Alltag, des Guten zu viel wird.

Wenn sich aus einem willensstarken Menschen mit der Zeit ein Despot entwickelt hat, findet das in seiner Umgebung keiner mehr so großartig. Nur noch er selbst. Zumindest bis zu dem Moment, wo alle ihn verlassen haben, außer vielleicht der Katze.

Wenn eine Zahl energetisch ein Diagramm dominiert, kann dem dieser Zahl zugeordnete Charakterwert als Einstieg in ein Numeroskop ebenso aussagekräftig über die Person sein wie die Schicksalszahl oder die des Persönlichkeitstypus. Erleichtert wird diese Form durch das Hinzuziehen des der Zahl entsprechenden Elementes, Feuer, Wasser, Luft oder Erde.

Ist **die Eins** gar nicht oder nur einfach aktiviert, ist das Bewusstsein für die eigene Individualität schwach bis durchschnittlich. Willenskraft und Ausdauer reichen über einen längeren Zeitraum gesehen nicht aus, um sich konsequent für die eigenen Ziele und das damit verbundene Ansehen einzusetzen. Unter dieser Personengruppe finden sich häufig die Märtyrertypen, auf deren Schultern ihrer Meinung nach das ganze Elend dieser Welt ruht.

Ein bis zwei Ringe deuten auf ein solides Bewusstsein persönlicher Identität hin. Willenskraft und Ausdauer sind ein festes Fundament, sind stark genug, um sich konsequent gegen Widerstände durchzusetzen, die die eigenen Interessen bedrohen.

Drei bis vier Ringe zeigen reichlich vorhandene Lebenskraft, unbeirrbar und beharrlich wird das Ego in den Mittelpunkt gestellt, der vertretene ICH-Standpunkt steht oft bei Entscheidungen im Vordergrund.

Drei bis fünf Ringe und mehr zeigen die Überzeugung, dass die eigene Ansicht der Dinge die einzig richtige ist. Unnachgiebigkeit und völlig übertriebener Einsatz bis zum Äußersten ist nicht selten; «Alles hört auf mein Kommando» ist überlebenswichtig auf hoher See. Wenn aber der Kapitän zu Hause seine Ehefrau zu seinem ersten Offizier macht und seine Kinder kommandiert, als wären sie Matrosen, dann ist er schlicht und ergreifend auf dem falschen Dampfer.

Ist **die Zwei** gar nicht oder schwach aufgeladen, bedeutet das nicht unbedingt Gefühllosigkeit. Nur, man hängt sich nicht bedingungslos in alles rein. Man erwartet allerdings auch nicht, dass bei jeder eigenen Träne gleich ein netter Mitmensch mit einem Taschentuch bereitsteht.

Bei einer Anzahl von zwei oder drei Ringen ist die Empfindsamkeit wesentlich stärker, das Gefühlsleben intensiver und von Stimmungsabhängigkeit geprägt. Mitleidig und voller Anteilnahme engagiert man sich zwar gern, zieht sich jedoch ohne viel Aufhebens wieder zurück, wenn man nicht mehr gebraucht wird.

Bei drei und mehr Ringen können Mitgefühl und Fürsorge den Blick für die Wirklichkeit erheblich trüben. Eine unberechenbare Gefühlswelt kann zu ungewollten Proble-

men führen. Problematisch sind die wechselnden Stimmungen, die das Handeln nicht immer nur positiv beeinflussen. Derjenige, dem man helfen will, wird regelrecht gekrallt. Möchte er sich dieser gut gemeinten Freiheitsberaubung entziehen, lernt er die Kehrseite kennen, die unsympathische 2, Härte und Mitleidlosigkeit. Eine Neigung zum Selbstmitleid zerstört oft zwischenmenschliche Beziehungen und verringert wichtige gesellschaftliche Kontakte. Wenn das eigene Seelenleben zum Dauergesprächsthema gemacht wird, kommt für die Zuhörer nur Langeweile auf. Das ist tödlich.

**Die Drei** ist eine sehr heikel zu deutende Zahl, da ihre Grundtendenz, die Kreativität und das Durchsetzungsvermögen, eine gefährliche Mischung beinhaltet: die Aggressivität. Diese kann sich auf den körperlichen Einsatz, z. B. im Sport, beziehen (Körperlinie), auf das Künstlerische (Kreativlinie) oder den mentalen Bereich (Effektivlinie). Auf allen gesellschaftlichen Ebenen gibt es Spielregeln, wer diese nicht akzeptiert, wird aus der Gemeinschaft ausgeschlossen, darf einfach nicht mehr mitmachen. In der sozialen Gemeinschaft wird das wesentlich schwieriger, und in der Familie bahnen sich oft Tragödien an.

Wenn die 3 nicht aktiviert ist, kann von einer verträglichen Natur ausgegangen werden. Wenn jedoch unerwartete Schwierigkeiten auftauchen und er oder sie sich eingeengt oder bedroht fühlt, sind unberechenbare Reaktionen möglich. Das Spontane, nicht Vorhersehbare ist das eigentliche Problem, das unkontrollierte Ausrasten. Die andere Seite der nicht oder nur schwach aktivierten 3 ist eine ins Uferlose gehende Nachgiebigkeit. Ruhe und Harmonie haben einen höheren Stellenwert, als sich sein Recht einzufordern.

Zwei bis drei Ringe zeigen eine kämpferische Grundhaltung. Auseinandersetzungen werden als das Salz in der Suppe empfunden. Egal ob es um Kleinigkeiten geht oder um größere Konflikte, überempfindlich und reizbar hat man immer den «Dolch im Gewande».

Vier und mehr Ringe: Herrisch bis überheblich, schon der Tonfall soll zeigen, wo es langzugehen hat. Dadurch provozieren sie Meinungsverschiedenheiten, das heißt, sie suchen Streit. Oft nur um ihre Aggression zu leben und ihrer Brutalität freien Lauf zu lassen. Man kann ihnen nicht trauen. Aufgrund des großen Einfallsreichtums der 3 provozieren sie gezielt. Ist diese 3 mit der 1 gleich stark im Nume-

roskop «beringt», dann ist sozusagen der Teufel los.

**Die Vier**, die Realisation all dessen, was den Alltag ausmacht. Die Ansprüche sind natürlich unterschiedlich. Die soziale Herkunft und das gesellschaftliche Umfeld setzen Maßstäbe, geben einen Rahmen vor, in dem man sich entwickeln oder versuchen kann, diesen zu sprengen. Die Wertevorstellungen sind zum Glück unterschiedlich, trotzdem muss jeder für seine Ansprüche eine Leistung erbringen und einen gewissen Ehrgeiz entwickeln, darf die Abhängigkeit von der finanziellen Realität nicht übersehen bzw. verdrängen.

Ist die 4 nicht aktiviert, fehlen wichtige Voraussetzungen, um auf Dauer etwas zu schaffen. Es fehlt der Ehrgeiz, sich objektiv und sachlich mit den ökonomischen Gegebenheiten auseinander zu setzen und für sich zu verwerten. Praktische Begabung ist zwar vorhanden, wird aber ungern eingesetzt. Eigenkreativität ist meistens ein Fremdwort. Finanzielle Notwendigkeiten werden geregelt, mehr nicht.

Ein bis zwei Ringe zeigen eine praktische Aktivität, vernunftbegabtes Handeln. Das Bewusstsein, dass ohne persönlichen Einsatz und Fleiß nichts zu erreichen ist, motiviert das Handeln. Gibt es Probleme, werden diese gedanklich durchgespielt und auf alle Nachteile abgeklopft, bevor eine Lösung angestrebt wird. In finanziellen Angelegenheiten lässt man sich durch sachliche Argumente überzeugen, überreden nicht. Drei Ringe und mehr zeigen: Man steht mit beiden Beinen im Leben, hat viel Familiensinn, ist ehrgeizig, klug und geschickt genug, um es «zu etwas zu bringen». Auf ihn ist Verlass. In Geldangelegenheiten äußerst penibel und überlegt, besteht allerdings die Neigung zu Geiz und Raffgier. Das ist die unsympathische Seite der 4. Zu realitätsbezogen, zu hart gegen sich selbst, und deshalb werden die schönen Seiten des Lebens selten genossen. Warum? Nun, sie kosten Geld.

**Die Fünf**, das halbe Leben, das Herz. Ein eigenständiges Wesen, nicht zu bändigen, nicht einmal durch die fünf Sinne, die diese Zahl symbolisiert.

Wenn die 5 im Diagramm nicht aktiviert ist, gibt es ein Problem. Entweder man hat kein Herz oder keinen Verstand, zumindest streckenweise. Mit einem Ring hat man von jedem ein bisschen, man lässt die Dinge gern auf sich zukommen. Wenn Schwierigkeiten auftauchen, die vom Sachverstand her nicht gelöst werden können, dann übernimmt das Herz den Fall. Dann wird geglaubt. Da Glaube ja bekanntlich Berge versetzen kann, erledigt sich so manches Problem ohne viel Diskussion. Ob zum eigenen Vorteil oder Nachteil, ist nicht ausschlaggebend. Wichtig ist die Erfahrung, die gemacht wird, denn daran wächst das Selbstvertrauen.

Mit bis zu drei Ringen bringt man schon so einiges an Selbstvertrauen mit. Gefühl und Verstand halten sich die Waage. Geselligkeit und die Liebe zur Umwelt nehmen einen großen Platz ein. Das Begeisterungsvermögen ist jedoch vom Personenkreis abhängig, ähnlich einem Echoeffekt. Grundsätzlich vielseitig interessiert und lernbegierig, wird alles Neue generell positiv begutachtet. Es wird gern und sinnenfroh gelebt.

Vier und mehr Ringe – im Rahmen dieser Wertigkeitsskala liegt neben dem positiven Potenzial zusätzlich das Unsympathische der 5. Die Übertreibung, das Überschwängliche und das Hemmungslose, das nicht mehr «Herr-seiner-Sinne-Sein». Trifft eine energetisch überdurchschnittlich aktivierte 5 im Diagramm auf eine ebenso überdurchschnittlich aktivierte 1, ist die Begeisterungsfähigkeit mitreißend, das Bedürfnis nach Geselligkeit bei-

nahe schon eine Sucht. Die überschäumende Sinnenfreude ist
kaum zu bremsen. Der Verstand arbeitet computerschnell, macht in-
stinktsicher, schützt vor überhitz-
ten Aktionen und somit vor über-
eilten Entschlüssen.

Der sechste Ring steht für den
sechsten Sinn, für außersinnliche
Wahrnehmungen und Inspiration.

**Die Sechs** mit ihrem Harmonie-
streben führt oft zur Verkennung
realer Grundzusammenhänge. Die
Selbsttäuschung ist die sich negativ
auswirkende Kehrseite. Ist die 6
einfach aktiviert, hält sich das im
Rahmen, zählt das Konkrete, das
Vorstellbare.

Zwei- bis dreifach aktiviert, über-
wiegen schon eher die Wunsch-
träume. Ab vier und mehr Ringe
sind eine ernst zu nehmende Übersteigerung der an sich nur positiven
Charakterwerte der 6. Gefühlsirrtü-
mer, nebelhafte Ideen, unklare
Vorstellungen, Wünsche auch
künstlerischer Art, ohne Realitäts-
bezüge können in tränenreiche
Sackgassen führen. Die Flucht vor
der Wirklichkeit in das Reich der
Phantasie und Träume ist äußerst
verführerisch, besonders in Liebesangelegenheiten. Unendlich ausleben lässt sich das zum Glück nicht,
denn die andere Symbolik der 6 ist

der analytische Verstand. Irgend-
wann setzt dieser unweigerlich ein.
Dann heißt es wieder Vorsicht vor
Übersteigerung.

**Die Sieben**, das seelische Stoppschild, dass Bewusstsein dafür, dass
unsere Zeit auf diesem Globus begrenzt ist und unser Handeln Beschränkungen unterliegt. Das im
Alltagsgeschehen zu berücksichtigen erfordert Selbstbeherrschung
und Selbstdisziplin.

Ist die 7 nicht aktiviert, werden die
eigenen Bedürfnisse gelebt, ohne
groß darüber nachzudenken. Das
Urvertrauen in die Geschehnisse
der Schöpfung ist grenzenlos und
das in die eigenen Fähigkeiten, im
richtigen Moment das Richtige zu
tun, ebenfalls.

Ein Ring zeigt, dass eine Hemmschwelle der Selbstbeherrschung
vorhanden ist, dass jedoch bei
ernsthaften Konflikten die Selbstdisziplin nicht ausreicht, um sachlich zu reagieren. Bei zwei und
mehr Ringen ist Ordnung angesagt.
Verantwortungsbewusstsein dem
Erreichten gegenüber – es wird
durch Mobilisieren aller Kräfte bis
an die Grenze der Erschöpfung ver-
teidigt. Nachteilig auswirken kann
sich ein gedanklich festgefahrenes
Weltbild, sodass neue Impulse
keine Chance haben.

Die 7 ist das Symbol für die Zeit. Der siebente Tag ist in der Bibel der Ruhetag Gottes. Ist die 7 nicht aktiviert, kann in den meisten Fällen von einem mangelnden Zeitbewusstsein ausgegangen werden. Je stärker die 7 energetisch aufgeladen ist, umso bewusster wird mit der Zeit umgegangen. Letztlich soll ein Ziel erreicht, ein Sieg errungen werden, der die Lebensfreude und den Glauben an sich selbst stärkt. Trifft nun ein unbedarfter Zeitverschwender auf einen administrativen Zeiteinteiler, sind Konflikte programmiert. Gravierende Auswirkungen hat das im Geschäftsleben. Hier ist oft Zeit gleich Geld, und eine Nachlässigkeit im Umgang mit der Zeit kann sich bitter rächen. Herbe Sympathieverluste sind auf Dauer unvermeidbar.

Die Wertigkeitsskala **der Acht** ist ineinander übergehend, die Grenzen sind fließend. Das den Alltag bestimmende Verhaltensmuster ist ein Teil unseres Lebens, ist immer da. Die Fähigkeiten, glücklich oder unglücklich zu werden, sind gerecht verteilt, es liegt an jedem selbst, eine optimistische oder pessimistische Grundeinstellung Schwierigkeiten gegenüber einzunehmen. Die energetisch schwach oder stärker aufgeladene 8 ist deshalb besser im Zusammenhang des Numeroskops zu bewerten.

**Die Neun**, die spirituelle Macht, die Magie des Mystischen. Je mehr Ringe, desto stärker die Neigung zum Okkulten, zum missionarischen Eifer, der sich zum Fanatismus entwickeln kann.

# Die Namenslinien

## Entdecken Sie den Fluss Ihrer Energien

## Die Namenslinien

Während die Anzahl der Ringe um eine Zahl im Namensdiagramm die Stärke der vorhandenen seelischen Energie zeigt und wir daraus ersehen können, welche Zahlen dominieren, schwach aufgeladen sind oder fehlen, lassen die Namenslinien die Energieströme erkennen. Wie in der Chiromantie bestimmen in unserem Namensdiagramm vertikale und horizontale Linien die Einteilung. Die zwischen den Linien liegenden Felder sind Kraftfelder, welche den Zahlen 1 bis 9 zugeordnet sind. Acht Namenslinien schließen jeweils drei Zahlen ein. Die Grobaufteilung der Handfläche in die drei Zonen – Körper, Verstand und Gefühl – lässt sich auf das Saturnquadrat übertragen.

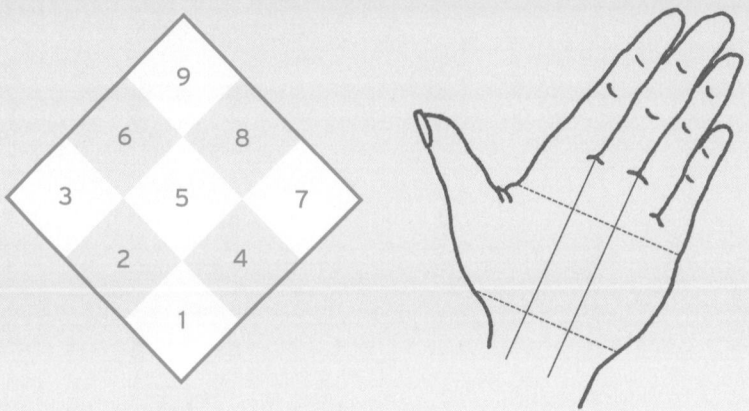

Von links nach rechts: **die Weltlinie (1 – 4 – 7), Emotionslinie (2 – 5 – 8) und Kreativlinie (3 – 6 – 9)**. Von rechts nach links: **die Körperlinie (1 – 2 – 3), Intellektlinie (4 – 5 – 6) und Geisteslinie (7 – 8 – 9)**.

Die Diagonalen, die **Kommunikationslinie** und **die Effektivlinie**, verbinden die Ebenen miteinander. Dabei ist der Schnittpunkt die Fünf, das Koordinationszentrum für unsere bewussten und unbewussten Reaktionen mit den daraus resultierenden Handlungen und den entsprechenden Folgen.

Die drei von links nach rechts gehenden Linien sind:

**Weltlinie** 1 - 4 - 7 als Symbol für die grobstoffliche Ebene

**Emotionslinie** 2 - 5 - 8 als Symbol für Gefühlsebene und Instinkt

**Kreativlinie** 3 - 6 - 9 als Symbol für Ausdruck und Mentalität

Die drei von rechts nach links gehenden Linien sind:

**Körperlinie** 1 - 2 - 3 als Symbol für die grobstoffliche Ebene

**Intellektlinie** 4 - 5 - 6 als Symbol für die Verstandesebene

**Geisteslinie** 7 - 8 - 9 als Symbol für die geistige und spirituelle Ebene

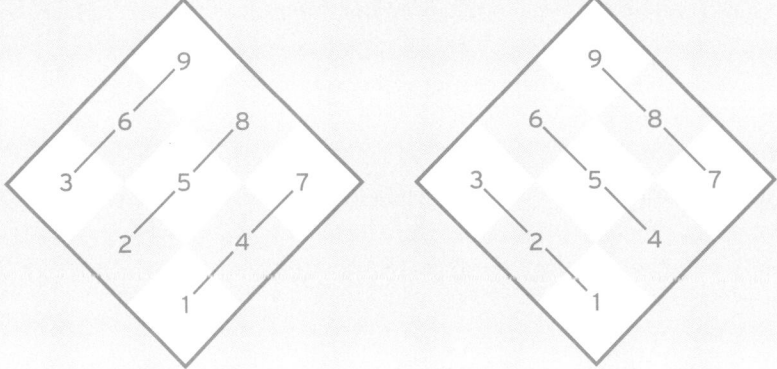

Die zwei diagonalen Linien sind:

Die **Kommunikationslinie** mit den Zahlen 1 - 5 - 9 sowie die **Effektivlinie** mit den Zahlen 3 - 5 - 7. Beide verbinden energetisch die körperliche, seelische und geistige Ebene miteinander, die drei Universen.

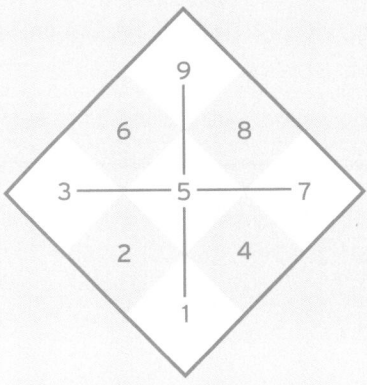

## Die Weltlinie 1 – 4 – 7

symbolisiert die grobstoffliche Materie, die Welt, in der wir leben und in der alles sichtbar und greifbar ist. Es ist die Realitätsebene des Alltags, das Territorium, in dem wir uns bewegen. Das beinhaltet zugleich die Fülle der Gewohnheiten, mit denen wir versuchen, unser Leben zu gestalten, wie wir es gern hätten.

**Die Eins** ist Ausgangspunkt dieser Linie, das Ego – das Ich. Das Gefühl für die eigene Person zu entwickeln und zu pflegen ist vorrangig, das heißt, mit der lebensnotwendigen Willenshaltung in erster Linie für sich selber sorgen zu können. Während die Eins für das Sein, also «Was bin ich?» steht, zeigt die Vier, wo das Schicksal mich hingestellt hat. In welche Tradition bin ich hineingeboren, welchen gesellschaftlichen Bedingungen werde ich mich anzupassen haben oder halt daraus ausbrechen?

**Die Vier**, das Praktische, das logische Reagieren auf Tatsachen und Fakten, die den Alltag bestimmen, egal ob im Haus, im Beruf, in der Ehe oder Familie. Ein Gefühl für Ordnung, um einen reibungslosen Tagesablauf zu garantieren, gehört ebenso in die Vier wie das Wohlstandsbewusstsein. Wird das Materielle, z. B. das Geld, entsprechend seiner Wichtigkeit gewürdigt und zur Lebensqualität gezählt oder wird es als «nur Geld» unterbewertet?

**Die Sieben** drückt im Zusammenhang mit den Zahlen Eins und Vier ebenfalls die organisatorische Notwendigkeit des Alltags aus. Die Einteilung der Zeit. Der Spruch «Ordnung ist das halbe Leben» lässt sich gut auf die Zahl der Zeit übertragen. Wer schon morgens seine Siebensachen zusammensuchen muss, hat seine Zeit unnötig vergeudet und seine Nerven strapaziert. Genau wie derjenige, der sich unter selbst erzeugten Zeitdruck setzt und in einen 24-Stunden-Tag 36 Stunden hineinstopfen will. Sich auf das Machbare im Materiellen zu beschränken, zu erkennen, dass nicht alle Wünsche erfüllbar sind. Ist die Weltlinie unvollständig im Namensdiagramm, ist das oft ein Zeichen für realitätsfremdes Verhalten. Die raue Wirklichkeit wird übersehen oder verdrängt, und es werden eigene Welten aufgebaut, in denen gelebt wird, man schwebt an bunten Luftballons über der Erde. Das kann zu bösen Überraschungen führen, wir leben nun mal auf der Erde, und das Schicksal sorgt schon dafür, dass wir das auch merken.

## Die Emotionslinie
## 2 - 5 - 8

steht für Seele, Herzblut und Geist. Im Gegensatz zu der realen Welt, in der die logischen, vom Verstand geprägten Reaktionen Gegebenheiten des Alltags regeln, sitzen wir hier in einer Gefühlsfalle. Die Erkenntnis, das Gefühl und Verstand sich häufig nicht miteinander vereinbaren lassen, ist nicht neu. Das berühmte Eingeständnis «Hätte ich mal lieber auf mein Gefühl gehört» oder «Hätte ich mal lieber auf meinen Verstand gehört» ist ein regelrechter Wegbegleiter bis zum Ende aller Tage.

**Die Zwei** ist verantwortlich für dieses innere Ungleichgewicht. Der bewusste Verstand der Körperlinie trifft hier auf den unbewussten Verstand der Gefühlslinie, der Intuition. Intuition heißt das Gewahrwerden eines Sachverhaltes durch Gespür. Der berühmte göttliche Funke, die unmittelbar einleuchtende innere Vision, «das ist es». Warum es «das ist», bleibt einfach ungeklärt, obwohl es häufig unser Handeln, gegen alle Vernunft, bestimmt.

Besonders grausam erwischt es immer die Liebenden. Da können die schurkischen Seiten des Partners schon längst vom Verstand her erkannt sein, von Freunden und allen anderen, die es gut meinen, als zer-störerisches Element bereits in allen Einzelheiten analysiert sein, es nutzt nichts.

**Die Fünf**, die Lebensfreude, das Streben nach den sinnlichen Genüssen, das Auskosten des Glücks des Augenblicks, verstärkt das gefühlsbetonte Handeln im Positiven wie im Negativen.

Erst die Acht, die Erkenntnis, ist der Fels in der Gefühlsbrandung. Die gemachten Lebenserfahrungen (2 – 5) werden hier gebündelt und geistig verarbeitet.

**Die Acht** bringt die seelische Stabilität, die gebraucht wird, um vom bewussten Verstand her die innersten Probleme zu betrachten. Es ist das schmerzliche Begreifen, dass ein großer Teil des Lebensablaufes selbst erzeugtes Schicksal ist.

Die sich daraus ergebende Frage, weiterhin so zu leben oder etwas zu ändern, beantwortet sich dann von selbst. Wahrscheinlich rein «gefühlsmäßig». Ist die Linie im Diagramm nicht besetzt, lässt man sich von Gefühlen nicht beeinflussen, Realität ist bei Entscheidungen vorrangig, das Unabhängigkeitsbedürfnis extrem.

## Die Kreativlinie 3 - 6 - 9

ist die Linie, in der sich die Einwirkung des Kosmos auf unser Dasein spiegelt. Die geistige Bewusstseins-

61

haltung des Einzelnen zu seiner Lebenswelt, die Mentalität, hat hier ihren Ursprung und bestimmt seine Denkungsart.

Diese Linie übt im Numeroskop den größten Einfluss auf die charakterliche Entwicklung aus, denn hinter ihr verbergen sich die spirituellen Kräfte des Unbewussten, das Begreifen und Erkennen aller angeborenen Talente, Eigenschaften und Fähigkeiten.

Es ist die einzige Linie, die in der errechneten Quersumme identisch ist mit der des Saturnquadrates. Unter ihrem Aspekt fallen sämtliche Praktiken der Magie, mit ihrer erschreckenden und zugleich faszinierenden Wirkung, die magische Kraft des Überweltlichen, die den Menschen erzittern lässt und ihn zugleich in seinen Bann zieht.

Die Gesamtzahl des Saturnquadrates $(1-9)$ ergibt $45 = 4 + 5 = 9$.

Die Gesamtzahl der Kreativlinie $3 - 6 - 9 = 18 = 1 + 8 = 9$.

Beide Endzahlen addiert, ergeben wiederum die Neun,

$9 + 9 = 18 = 1 + 8 = 9$.

**Die Drei**, das gestalterische Denken, zeigt die Fähigkeit, kreative Ideen in logische Schlüsse umzusetzen.

**Die Sechs**, das intellektuelle Denken, zeigt die Fähigkeit, das eigene Verhalten zu verstehen und zu steuern, wobei Gefühle zwar berücksichtigt werden, jedoch ohne dass

sie den Verlauf einer Entscheidung gravierend beeinflussen.

**Die Neun**, das schöpferische Denken. Die Geistes- und Glaubenskraft, die die jenseits des Bereiches der sinnlichen Erfahrung liegende Welt in den Lebensalltag integriert.

Wenn diese Linie nicht aktiviert ist, beeinflusst sie das mentale Verhalten in der Gemeinschaft und führt zu innerer Unsicherheit, es fehlt das Vertrauen zum eigenen Kern. Das Bewusstsein für die angeborenen Talente muss dann mühevoll erworben werden. Die Linie symbolisiert die Identifikation mit der sozialen Gruppe, der ein jeder von Geburt her angehört. Entspricht deren Denkungsart und die damit verbundene Handlungsweise nicht der eigenen Mentalität, beginnt die Suche nach der Gruppe, welche das Gefühl der Zugehörigkeit vermittelt. Ausschlaggebend dafür sind gemeinsame Interessen sowie damit verbundene gemeinsame Erlebnisse. Zum Beispiel: ein Fan-Club, der zu einer Open-Air-Veranstaltung reist oder zu einem Fußballspiel.

Wer seine angeborenen Fähigkeiten nicht kennt und fördert, wird in seinen zwischenmenschlichen Beziehungen sehr schwankend reagieren und schnell die Lust verlieren, sich stets wechselnden Interessengruppen anzuschließen.

Die Gefahr, als Einzelgänger eingeschätzt zu werden, ist groß.

## Die Körperlinie 1 - 2 - 3

symbolisiert die körperliche Vitalität.

**Die Eins**, die Geburt – die erste Anstrengung verbunden mit dem ersten Schrei und den ersten Bewegungen. Es ist der sichtbare Körper, in dem wir leben. Egal ob von zarter oder kräftiger Konstitution, die äußere Erscheinung ist die lebenslange Visitenkarte unseres Daseins, das Ich. Zu berücksichtigen ist, dass körperliche Vorgänge durch seelische Abläufe beeinflusst werden. Sind wir gut drauf, gehen wir gerade, forsch und ungestüm. Sind wir nicht so gut drauf, lassen wir die Schultern hängen und möchten nur noch schleichen.

Das wird ausgedrückt durch

**die Zwei**. Der bewusste Verstand wird eingesetzt, um sich, je nach Anlass des Alltags, zu präsentieren. Der prüfende Blick in den Spiegel: Wie sehe ich aus? Die Wahl der Garderobe für eine Festlichkeit oder für eine Vorstellung unterliegt anderen Kriterien als für die am heimischen Herd.

Die emotionalen Signale, z. B. Mimik, Gestik oder Körperhaltung, werden vom gleichfalls in der 2 enthaltenen, unbewussten Verstand gesteuert. Diese Mischung aus Verstand und Gefühl wird als Erfolgsintelligenz verstanden und gehört zu unserer angeborenen Diplomatie. Takt und Feingefühl.

**Die Drei**, die spontane Erkenntnis von Zusammenhängen, bringt die Entscheidungsfähigkeit, Impulse von außen blitzschnell in die Tat umzusetzen. So werden Tore geschossen oder Bälle gehalten. Das Zusammenspiel aller Faktoren ergibt die optimale kreative Lösung. Die Willensstärke der 1 verbunden mit der intuitiven Kraft der 2 und das körperliche Durchsetzungsvermögen der 3 machen die Tatkraft der Körperlinie aus. Im Fußball erwarten die Fans von ihrer Mannschaft Körperkraft (1), Instinkt (2) und Leistungsbereitschaft (3).

Die 3 als Verbindung zwischen Körper- und Kreativlinie symbolisiert die gestalterische Kunst, wie Bildhauerei, Architektur, Malerei usw., im Sport eher den gestalterischen Ausdruck, so den Tanz. Dieser ist eine elementare Lebensäußerung des Menschen, wobei die Bewegungsabläufe nicht nur Botschaften des Körpers sind, sondern, speziell in der Folklore, Ausdruck der Zugehörigkeit.

Ist diese Linie im Namensdiagramm nicht aktiviert, ist das Bewusstsein für die Wirkung des «Äußeren» schwach. Die Kondition, die körperliche Verfassung wird nicht gebührend beachtet. Das kann zu körperlichen Fehleinschätzungen führen, mit schwer wiegenden gesundheitlichen Folgen.

## Die Intellektlinie 4 - 5 - 6

ist das Symbol für die rationalen Fähigkeiten.

**Die Vier** ist in dieser Linie der Sockel der Vernunft. Das persönliche Verhalten wird durch nüchternes Einschätzen der Tatsachen bestimmt. Die in ihr enthaltene 2 symbolisiert in dieser Linie die Grundhaltung des Zweifelns, die Skepsis. Jede Handlung wird pragmatisch geprüft, der Weg zum Ziel systematisch auf Sprengsätze untersucht. Das anvisierte Ziel muss sich dem logischen Denken unterordnen. Starr und traditionsverhaftet sind Regelmaß und Bestimmtheit die Wegweiser, geben dem Lebensrhythmus Stabilität. Der Begriff Treue ist hier verhaltensbestimmend. Sich selbst treu zu bleiben in Wort und Tat.

**Die Fünf** in der Intellektlinie ist der nach allen Seiten ausstrahlende Sachverstand. Maßgebend sind äußere Impulse, die auf unsere fünf Sinne einwirken. Wichtiges wird von Unwichtigem getrennt und gedankenschnell, einfach und schlüssig auf den Punkt gebracht, damit Fehleinschätzungen vermieden werden. Jegliche Sinnesinformation wird gespeichert, als Gedankengut bewahrt und instinktiv bei Bedarf als Erfahrungswert abgerufen. Das bezieht sich in der Intellektlinie auf nüchterne Informationen. Die Lernfähigkeit, obwohl generell in uns allen vorhanden, läuft über unterschiedliche Formen der Wahrnehmung, das heißt: Sie können sich das Lernen leichter machen, wenn Sie erkennen, welcher Sinn (Sehen, Hören, Riechen, Schmecken, Tasten) bei Ihnen am stärksten ausgeprägt ist. Können Sie sich Gehörtes besser merken oder lernen Sie am besten durch Handeln, indem Sie den Lernstoff anfassen? Knete, Bauklötze und Legosteine sind nicht ohne Grund zeitlos.

**Die Sechs**, der analytische Verstand, die angeborene Vorstellungskraft. Es ist das oft lebensnotwendig werdende Voraussehende. Unerlässlich, um alle Möglichkeiten zu nutzen, eventuelle Gefahren auszuschließen oder deren Auswirkung auf ein Mindestmaß zu begrenzen. Der Überblick auch im Kleinen, der es ermöglicht, kühlen Kopf zu bewahren, wenn es gilt, mit schwierigen Sachverhalten umzugehen.

Wenn diese Linie nicht aktiviert ist, wird es fast unmöglich, das eigene Verhalten zu verstehen oder die Beweggründe anderer Menschen zu durchschauen. Hier kann hilfreich sein, sich den Satz «Was wäre, wenn … das oder das eintrifft» als grundsätzliche Lebensphilosophie anzueignen und in den Alltag zu integrieren, um sich vor Schaden zu schützen.

### Die Geisteslinie 7 - 8 - 9

ist die Wurzel und Ursprung aller magischen Wunder, die metaphysische Ebene von Zeit und Ewigkeit. Es gibt Dinge, die man weder beweisen kann noch muss. Geist und Seele sind akademisch genauso wenig beweisbar wie der Glaube an die ausgleichende Gerechtigkeit. In der Numerologie versinnbildlicht diese Linie das Transzendente in unserem Leben. Das bedeutet für den Einzelnen, die gewohnten Bahnen im Denken zu verlassen und über den realitätsbezogenen Vorstellungsrahmen hinauszugehen.

**Die Sieben** ist die Brücke, welche die materielle Welt, also die Äußerlichkeiten unseres Daseins, mit den inneren Werten, dem Reichtum im Menschen, verbindet. Sie symbolisiert den Übergang vom Schein zum Sein. Sie steht für Aufgeschlos-

65

senheit sowie geistige und spirituelle Interessen.

**Die Acht**, der Transformator, in dem die unzähligen Signale der emotionalen und psychischen Ebene gebündelt und geordnet werden, steht für seelische Stabilität und moralische Kraft. Die seelische Verfassung, die es ermöglicht, sich mit den natürlichen Veränderungen des Lebenslaufes zu arrangieren.

**Die Neun**, der geistige Fortschritt mit dem Mut zum Experiment, ob in der Religion, der Philosophie oder Metaphysik mit ihren magischen Symbolen und Bedeutungen. 8 + 1, die himmlische Vollkommenheit.

Ist die Geisteslinie nicht aktiviert, kann davon ausgegangen werden, dass Ideale wenig Platz in der Lebensführung einnehmen und dass sich derjenige eher an bloßen Tatsachen orientiert.

Es sind oft Menschen mit einem starken Hang zur Gruppenidentität; sie fragen nicht, welche Weltanschauung die richtige ist, sondern verlassen sich darauf, dass das die anderen wissen und es dann wohl schon so richtig sei. Da diese Naivität oft ausgenutzt wird, haben sie oft Rückschläge zu verkraften.

## Die Effektivlinie 3 - 5 - 7

mit der Durchsetzungskraft der 3, der Expansionsfreudigkeit der 5 und dem Selbstvertrauen der 7 in die Zielsetzung des eigenen Schaffens symbolisiert die ganz gewöhnlichen Problemlösungsstrategien, die entwickelt werden, um den Alltag zu meistern.

**Die Drei**, das aktive Agieren, das Durchsetzungsvermögen, bezieht sich dabei auf die körperliche Kraft genauso wie auf die intellektuelle (5) und geistige (7) Handlungsweise.

**Die Fünf**, die Sinneswahrnehmung, trennt Wichtiges von Belanglosem und bringt das Denken auf den Punkt.

Dieses so genannte administrative Denken setzt **die Sieben** um.

Sie regelt die zeitlichen Abfolgen einer Handlung und die räumliche Orientierung. Bei Männern ist der Orientierungssinn ausgeprägter als bei Frauen.

Ist die Linie nicht aktiviert, gibt es Schwierigkeiten. Ungewollt wird Chaos produziert, und das Gefühl der eigenen Unzuverlässigkeit führt unnötigerweise zu Schuldkomplexen. Das ist zum Glück vermeidbar, denn Selbstdisziplin, Ausdauer und ein angemessener Umgang mit der Zeit lassen sich erlernen.

Prioritäten setzen ist eine hocheffiziente Möglichkeit, um langfristig eine annehmbare Lösung zu erreichen. Begonnen werden sollte mit der 7, der Einteilung der Zeit. Wer sich vor Augen hält, dass Tagesabläufe Management sind, sieht seinen Alltag nüchterner, und vieles regelt sich von selbst.

## Die Kommunikationslinie 1 - 5 - 9

symbolisiert die sprachliche Gewandtheit. In ihr drücken sich die vier Grundeigenschaften des Geistes aus.
Die Eins, der Wille, die Fünf, der Intellekt und das Gefühl, sowie die Neun, das Bewusstsein.

Die Zahlen 1 und 5 sind gegenüber der 9 nicht gleichberechtigt.
**Die Neun** symbolisiert in dieser Linie die absolute Macht. Sprache und Denken gehören eng zusammen und werden traditionell übertragen. Über die Zugehörigkeit zu einem Volk, einer Familie oder einem gesellschaftlichen Stand entscheidet das Schicksal, das Karma. Man kann es annehmen oder nicht, der Macht des Schicksals zu entkommen ist unmöglich.
Die Aura des Mystischen sowie die Magie des Unerklärlichen ist das Geheimnis der Zahl 9, ist das Rätsel des Lebens. Sie symbolisiert die Reinkarnation. Danach ist in diesem Leben eine Aufgabe zu erfüllen, für deren Ursache Handlungen in einem früheren Leben zu finden

sind. Missionarische Aufgaben und Sendungsbewusstsein bis hin zum Fanatismus, weltverändernde Ideen können ihren Siegeszug nur antreten durch die Macht der Sprache. **Die Fünf**, das Zentrum im Numeroskop, hat in der Kommunikationslinie eine besondere Bedeutung. Nicht nur dass es die Begabungen symbolisiert, es ist das «Sinn-volle» Gedächtnis, welches das sinnliche Erleben bereichert. Es erhöht den Genuss an den Sinnenfreuden des Lebens. Das Zusammenspiel von Gefühlen und Sinneseindrücken gestaltet das Wahrnehmungsvermögen.

Erfahrungswerte werden gespeichert und sind als Erinnerungen jederzeit abrufbar. Reaktionen erfolgen instinktiv. Dazu gehört in der Sprache die nicht erlernbare berühmte Schlagfertigkeit genauso wie das Erlernbare, sich auf die Zunge zu beißen, bevor man mit einem Wort irreparablen Schaden anrichtet.

Die 5 kann als Gesprächsquelle bezeichnet werden, die Themen geben die im Numeroskop aktivierten Zahlen vor.

«Wessen Herz voll ist, dem läuft der Mund über» ist ebenfalls mit der 5 in Verbindung zu bringen, da die Emotionslinie sich mit der Kommunikationslinie hier kreuzt. Dasselbe gilt für den Begriff der inneren Stimme.

**Die Eins**, das irdische Dasein, das Selbst.

Wenn Sie am Tresen stehen, dann erleben Sie häufig, dass derjenige, der am lautesten nach seinem Bier schreit, es auch als Erster bekommt. Nicht etwa, damit er dann zufrieden ist, das interessiert niemanden, nein, damit die anderen ihn los sind und ihre Ruhe haben. Das wiederum ist für den Bierholer völlig uninteressant. Er hat, was er wollte. Eingesetzt dafür hat er das Instrument «Stimme».

Wenn die Kommunikationslinie nicht aktiviert ist, fällt es schwer, die gewohnten Bahnen im Denken zu verlassen und unterschiedliche Sichtweisen auf ein und dasselbe Problem zu zulassen. Die damit verbundenen Denkblockaden entwickeln sich zu Sprachbarrieren, und es fällt immer schwerer, Gespräche zu suchen, die aufzeigen, dass es noch andere Lösungen gibt.

# Das Numeroskop

die Gesamtschau der Persönlichkeit

# So erstellen Sie ein Numeroskop

Die Symbolik der Zahlen und Linien ist das Grundlagenwissen, das es uns ermöglicht, ein Persönlichkeitsprofil zu erstellen. Vergessen Sie dabei nicht: Dieses schillernde, mehrschichtige Wesen Mensch aus Fleisch und Blut ist nicht so einfach mal eben durch ein Diagramm darzustellen. Wenn Sie also ein Numeroskop erstellen, «dann hauchen Sie ihm Ihre Seele ein», und aus dem Diagramm wird ein Porträt. Seien Sie sicher, Sie werden Ihren Stil finden, Inspiration geht immer eigene Wege. Sie arbeiten mit Symbolen, die den Charakter einer Person beleuchten und auf Konflikte mit sich eventuell daraus ergebenden Problemen hinweisen sollen. Seien Sie so objektiv wie möglich. Eine persönliche Stellungnahme Ihrerseits dazu sollte unbedingt vermieden werden.

Egal ob Sie mit der Schicksalszahl beginnen oder mit der am stärksten aufgeladenen Zahl im Diagramm, ganz ohne Planung geht es nicht. Stellen Sie sich dazu passende Fragen und beantworten Sie diese, indem Sie, für sich zur Orientierung, eine kleine Tabelle anlegen.

Die Standardfragen, die Ihnen den Anfang erleichtern, sind:

Aus welchem Anlass wird ein Numeroskop gewünscht, für wen soll es sein, und wer gibt es in Auftrag?

Ist es zum Beispiel ein Persönlichkeitsprofil zum Geburtstag, ein Partnerschaftsnumeroskop oder ein Geschenk zum Hochzeitstag? Ein Geschäftsnumeroskop oder gar ein «Spionagenumeroskop», um die Schwächen eines Rivalen herauszufinden?

Damit ist die Richtung vorgegeben, der rote Faden, an dem Sie sich von Anfang bis Ende orientieren können.

Wenn Sie ein Numeroskop für sich erstellen, aus reiner Neugierde, dann sollten Sie sich trotzdem einige Fragen beantworten. Möchten Sie so weiterleben wie bisher? Wenn ja, müssen keine Veränderungen unternommen werden, Sie wissen dann halt mehr über sich und können dieses Wissen bei Gelegenheit zu Ihrem Vorteil verwerten. Wenn nein, welches Ziel möchten Sie erreichen, und ist das überhaupt machbar?

Wer gab Ihnen Ihren Namen? Nach wem wurden Sie benannt? Wie werden Sie gerufen? Von der Mutter? Vom Vater? Von Freunden? Vom Partner? Haben Sie einen Spitznamen?

Welche Werte zählen für Sie? Kommerzielle, emotionale, kreative oder geistige? Was davon ist wirklich wichtig?

Was haben Sie für Träume, und was kostet die Erfüllung Ihrer Träume? Haben Sie ein Konzept, um Ihre Wunschvorstellung um- und durchzusetzen? Berücksichtigen Sie dabei bitte, dass das, was Ihre Umgebung für schlecht hält, für Sie persönlich nicht schlecht sein muss. Legen Sie bitte keinen Entscheidungswert in Ratschläge von Mitmenschen, die nicht die angeborenen Talente haben, über die Sie verfügen.

Wie sehen Sie sich als Partner und als Persönlichkeit? Wie sehen andere Sie? Selbstverständlich kommt es darauf an, wer der andere ist.

Was stört Sie an Ihren Mitmenschen am meisten, und worum gibt es die häufigsten Diskussionen? Können Sie gut über sich selbst sprechen und andererseits Kritik vertragen?

Was war in der Kindheit Ihr Berufswunsch und warum? Ihre Berufswahl und warum? Ihr Hobby? Diese Fragen sind natürlich auch hilfreich, wenn Sie Numeroskope für andere erstellen.

Damit haben Sie eine Leitlinie an der Hand, die Ihnen den richtigen Weg weist.

Persönlichkeitsprofile auf eine Wiedergabe von Linien und Zahlen zu reduzieren würde bedeuten, blutleere Gestalten zu skizzieren, anstatt ihnen eine besondere Ausstrahlung zu verleihen. Deshalb lassen Sie uns ein Numeroskop erarbeiten, ähnlich einem Scherenschnitt, bevor Sie sich an ein Selbstbild heranwagen.

Als Beispiel nehmen wir die Namen «Otto Mustermann» und «Lieschen Müller», wie sie in den üblichen Formularen der Behörden als Beispiel für den typischen Deutschen stehen.

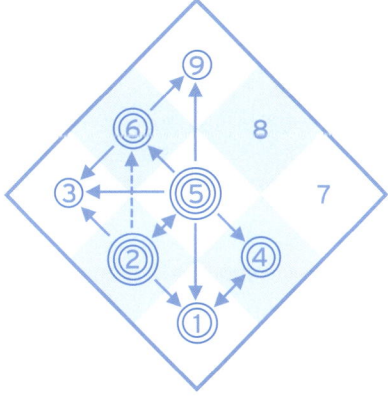

**Otto Mustermann**
6226 4 31 2594 155

Nach dem besprochenen System habe ich die Buchstaben in Zahlen umgesetzt, und wie auf Seite 21 beschrieben, bekommt jede Zahl entsprechend ihrer Häufigkeit einen Ring.

Nun schauen wir mal, welche Eigenschaften Otto Mustermann besitzt.

**Otto:**
6 + 2 + 2 + 6 = 16 = 1 + 6 = 7

**Mustermann:**
4 + 3 + 1 + 2 + 5 + 9 + 4 + 1 +
5 + 5 = 39 = 3 + 9 = 12 =
1 + 2 = 3

**Namenszahl**
7 + 3 = 10

# Otto Mustermann

Die Intellektlinie in diesem Diagramm geht sozusagen Hand in Hand mit der Körperlinie. Kreativitätslinie und Kommunikationslinie sind komplett aktiviert.

Wir haben ein Energiefeld, d. h. eine Persönlichkeit vor uns, die sich auf ihre körperliche Tatkraft, ihre intellektuelle Fähigkeit und Kreativität verlassen kann. Kontaktfreude und Sprachgewandtheit zeigt die Kommunikationslinie.

**Weltlinie, Emotions- und Effektivlinie** sind unvollständig. Die Geisteslinie zeigt uns nur die 9, d. h. so ein bisschen «Himmelbewusstsein» – nach dem Motto: Vielleicht gibt es eine höhere Gewalt, vielleicht aber auch nicht – schwebt über dem Ganzen.

**1 - 4 - 7 Die Weltlinie** ist zwar unvollständig, jedoch steht die 4, der praktische Verstand, über den der Alltag mit seinen gewöhnlichen oder auch ungewöhnlichen Ereignissen geregelt wird, in voller Harmonie zur 1. Beide Zahlen sind mit zwei Ringen energetisch gleich aktiviert.

Vom Wohlergehen der 1 und dem Wohlstandsbewusstsein her, der 4, ist Otto Mustermann gut gerüstet. Er verlässt sich nicht nur auf seinen logischen Verstand, die 4, er verlässt sich dabei zusätzlich auf sein Gefühl, die 2 . Was er hat, das hat er, das hält er fest, wie aus dem Quadrat ersichtlich: 1 – 4 – 5 – 2 – 1. Beruflicher Ehrgeiz, gepaart mit organisatorischen Talenten und präzisen Ausführungen, sowie traditionelle Bodenständigkeit sind Standard. Besitzerhalt ist Tradition, die 4. Die Risikofreude, die 7, hält sich in Grenzen. Das Unbekannte wird nicht gerade abgelehnt, aber wenn es nicht unbedingt sein muss, bleibt man lieber innerhalb der eigenen Ortsschilder. Dabei kann gerade das, was außerhalb des Gewohnten liegt, das Salz in der Suppe sein.

Das Grundbedürfnis nach materieller Sicherheit in der Lebensplanung ist vorrangig. Landwirtschaft oder Handwerk ist als Arbeitsfeld ideal. Alles, was einen bleibenden Wert darstellt, vom kleinen Holzkästchen bis zum Riesengebäude, muss überschaubar sein und Hand und Fuß haben. Dann ist für Otto Mustermann im Kleinen wie im Großen die Welt in Ordnung.

**2 - 5 - 8 Die Emotionslinie,** das intuitive spontane Handeln aus dem «Bauch heraus», die 2, sowie das instinktive Reagieren auf schicksalhafte Gegebenheiten – im Diagramm ist alles vorhanden, nur Gefühle zu zeigen, die 8, fällt schwer. Das ist schade, denn die dreifach aufgeladene 2 spricht für ein intensives Gefühlsleben, unterstützt von der sinnenfreudigen dreifach aktivierten 5.

Ein verlässlicher, aufrichtiger Partner in allen Lebenslagen, mit sehr viel Mitgefühl ausgestattet. Aufgrund der fehlenden 8 besteht die Neigung, auf geistige Interessen und Erlebnisse des Lebenspartners eifersüchtig zu sein. Ihm fehlt dafür einfach das Verständnis, da er sich überwiegend auf das sinnlich Erfassbare der 5 beschränkt.

**3 - 6 - 9 Die Kreativlinie,** die Romantik, die 6 mit den schöpferischen Ideen der 9 zu verbinden und zu überlegen, wie man seine Einfälle in die Tat umsetzt, die 3, diese Linie fügt sich harmonisch in die Gesamtstruktur des Diagramms ein.

**1 - 2 - 3 Die Körperlinie** zeigt einen Menschen, der sich seiner Wirkung und Ausstrahlung bewusst ist.

Die Ich-Energien der 1 stehen nicht im Vordergrund. Die körperliche Verhaltensweise wird von der energetisch stärker betonten 2 dominiert. Es gibt wenig Schwierigkeiten, sich den normalen körperlichen Erfordernissen des täglichen Lebens anzupassen.

Die 3 zeigt Leistungsbereitschaft; jedoch um sich zu überdurchschnittlichen, körperlichen Höchstleistungen aufzuschwingen, z. B. Riesenbäume in kurzer Zeit in Kleinholz zu verwandeln, dazu reicht es nicht. Um das nicht zuzugeben und zu vertuschen, wird schon mal instinktiv, 2 – 5, auf schauspielerische Tricks zurückgegriffen. Man macht den anderen, ohne sich groß anstrengen zu müssen, schon mal etwas vor. Das zeigt die dreifach aufgeladene 2.

**4 - 5 - 6 Die Intellektlinie.**

Die 4, der praktische Verstand, steht in voller Harmonie zur 1. Beide Zahlen sind mit zwei Ringen energetisch gleich aktiviert. Die 5, der Sachverstand mit seinem Drang nach Expansion, Toleranz und Sinnenfreude, ist gleich stark wie die 2. Es kann davon ausgegangen werden, dass Otto Mustermann grundsätzlich eine positive Lebenseinstellung hat und auf seine Mitmenschen angenehm wirkt.

Das Ausleben der Gefühle läuft harmonisch ab. Wohl dem, der so leben kann wie hier unser Otto Mustermann.

Die 6, das abstrakte Denken, die Theorie und die Vorstellungskraft, ist etwas schwächer als die 5, aber gleich stark wie die 4, das bedeutet, dass die Fähigkeit, logisch zu denken, Sachverhalte blitzschnell in sich aufzunehmen und in die Praxis systematisch umzusetzen, besonders ausgeprägt ist. Das wirkt sich auf seine Wahrheitsliebe dahingehend aus, dass er, wenn es darauf ankommt, auch mal eine Notlüge zulässt. Vormachen kann man ihm allerdings nichts.

**7 - 8 - 9 Die Geisteslinie** steht für alles, womit sich kaum Geld verdienen lässt, dieser Meinung ist Otto Mustermann, das zeigen die fehlende 7 und 8.

Die 7 symbolisiert hier Selbstbeschränkung in der materiellen Welt zuungunsten des Geistigen. Auf den Alltag übertragen ausgedrückt: Otto füllt wahrscheinlich eher seinen Kleiderschrank als seinen Bücherschrank.

Im Diagramm ist nur die 9 aktiviert, das Gespür für das Schicksal. Die 8, die Erkenntnis, wie dieses Bewusstsein in den Alltag eingebracht werden kann, fehlt, das Bewusstsein für geistige Werte ist nicht allzu groß. Es fehlen mit der 7 und der 8 die Pfeiler der Geisteslinie, um über vorhandene Möglichkeiten nachzudenken und angeborene Begabungen zum eigenen Vorteil zielorientiert zu entwickeln. Das konsumorientierte Handeln, die so genannten weltlichen Genüsse haben Priorität vor den geistigen. Stellen Sie sich zwei Freunde auf einer Reise vor. Es ist noch eine Stunde Zeit. Der eine geht in eine Kathedrale, voller Andacht stärkt er Geist und Seele. Der andere geht in einen Imbiss und stärkt sich selbst und seinen Körper. Wichtig ist: Jeder ist mit sich zufrieden.

**3 - 5 - 7 Die Effektivlinie** ist unvollkommen.

Die 3, das Durchsetzungsvermögen, ist im Normalbereich aktiviert, und die 5, das Abwägen einer Situation, die sorgfältige Prüfung durch den Sachverstand, ist als hervorragend zu bezeichnen.

Otto Mustermann kann seine Fähigkeiten realistisch einschätzen. Sich aber effektiv, das heißt bis an den Rand seiner Kräfte einzusetzen, egal ob körperlich oder wie auch immer, ist nicht seine Lebensphilosophie und an Erschöpfung zu sterben schon gar nicht, das zeigt wiederum die fehlende 7. Es ist insbesondere die geringe Risikobereitschaft, sich im realen Alltagsleben auch einmal in unbekannte Gefilde zu begeben, die häufig Fortschritte verhindert. Ein Trost mag hier sein, dass die fehlende 7 auch für Weltsicht steht.

**1 - 5 - 9 Die Kommunikationslinie.**

Die 1, der Lebenswille, ist Antriebskraft, das An-sich-selbst-Denken, der Selbsterhaltungstrieb. Wer nicht auf sich aufmerksam macht, wird schlicht und einfach nicht beachtet und schließlich sogar vergessen. Das wird bei Otto Mustermann nicht passieren, die zweifach aufgeladene 1 und dreifach aufgeladene 5 zeigen einen innerlich selbstbewussten Menschen, der sich nicht beweisen muss.

Er verfügt über eine gute Redebegabung, wobei die Themen zwar sachlich orientiert sind, das heißt wirklichkeitsnah, jedoch sehr emotional geführt werden, das zeigen die stark aufgeladene 2 und 5.

Bei Themen, in denen das Wissen nicht so ausgeprägt ist, man also nicht so gut mitreden kann, hört er eher zu und orientiert sich am Gesagten, einfach aufgeladene 9.

Unser Otto Mustermann ist also ein Mann, der mit beiden Beinen im Leben steht und sehr gefühlvoll reagiert, wobei sich Gefühle und Verstand, die 2 – 5, die Waage halten. Er weiß, wer er ist. Das ersieht man nicht nur aus dem Diagramm. Dieses Identitätsbewusstsein, die 1, wird zusätzlich durch seine Namenszahl 1 verstärkt. Es liegt ihm nicht, sich in den Vordergrund zu stellen. Er versucht, den Alltag nach bestem Wissen, 4 – 5 – 6, seinen Vorstellungen, der 6, und seinen körperlichen Möglichkeiten, 1 – 2 – 3, entsprechend zu regeln. In unbekannte Gefilde, die 7, begibt er sich ungern, er möchte das, was er hat, die 4, nicht gefährden. Für Führungspositionen ist er prädestiniert. Gesellschaftliche Kontakte sind ihm wichtig, und er genießt ein hohes Ansehen. Die Welt ist für ihn in Ordnung, er kommt im Alltag gut zurecht. Dann läuft ihm Lieschen Müller über den Weg.

# Lieschen Müller

**Lieschen:**
3 + 9 + 5 + 1 + 3 + 8 + 5 + 5
= 39 = 3 + 9 = 12 = 1 + 2 = 3

**Mueller:**
4 + 3 + 5 + 3 + 3 + 5 + 9 = 32
= 3 + 2 = 5

**Namenszahl:** 3 + 5 = 8

**Lieschen:**
3 + 9 + 5 + 1 + 3 + 8 + 5 + 5
= 39 = 3 + 9 = 12 = 1 + 2 = 3

**Mustermann:**
4 + 3 + 1 + 2 + 5 + 9 + 4 + 1
+ 5 + 5 = 39 = 3 + 9 = 12
= 1 + 2 = 3

**Namenszahl:** 3 + 3 = 6

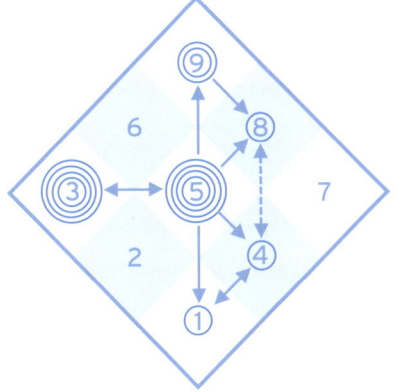

**Lieschen   Mueller**
3 9 5 1 3 8 5 5   4 3 5 3 3 5 9

Es kann davon ausgegangen werden, dass Lieschen Müller sich bei der Durchsetzung ihrer Ziele (3) nicht von persönlichen Gefühlen ablenken lässt. In der Körperlinie fehlt die 2. Selbstbestimmung und die Durchsetzung eigener Werte werden über den Sachverstand (5) geregelt.

Trotz Unterbrechung der Körperlinie bleiben die Willensstärke (1) und die Tatkraft miteinander über die 5 verbunden. Gefühle der 2, wie z. B. Fürsorge oder Mitleid, sind ihr zwar nicht fremd, aber der Tatendrang, etwas zu verändern oder zu verbessern, wird immer der nächste Gedanke sein (1 – 5 – 3 sind impulsgebende Zahlen).

Wer bei ihr mit der Mitleidsmasche etwas erreichen will, verscherzt sich ihre Sympathien. Es ist schwer, ihr etwas vorzumachen, da sie aufgrund der fehlenden Vorstellungskraft (6) in der Intellektlinie bestimmte Vorgänge gedanklich schwer nachvollziehen kann. Kühle Überlegungen (fehlende 6) sind ihr genauso fremd wie Träume und Visionen, diese überlässt sie lächelnd anderen.

Ihr Selbstbild (fehlende 6) beschränkt sich auf das Energiepotenzial der 5 nach dem Motto: So bin

79

ich, und so finde ich mich gut (3 – 5 – 1). Ihre organisatorische Begabung (4 – 5) mit Blick für Details genügt, um das, was sie will, in den Ablauf des Alltags einzubringen. Dass sie dabei Unvorhersehbares einkalkulieren kann, zeigt die in der Geisteslinie vorhandene 8, die Fähigkeit, im richtigen Moment die richtige Entscheidung zu treffen. In der Weltlinie sind die 1 und die 4 aktiviert, jedoch etwas schwächer als bei Otto M. Die 7 fehlt.

In der Emotionslinie ist die 8 – Gefühle zeigen zu können – vorhanden.

Die Kreativlinie wird stark vom Einfallsreichtum (3) beherrscht. Die Effektivlinie zeigt, dass das Temperament mit allem, was dazugehört (3 – 5), ungezügelt (fehlende 7) gelebt wird.

Die Kommunikationslinie ist die einzige vollständige Linie. Die Fähigkeit, sich auszudrücken, ist enorm. Die Lernfähigkeit ist überdurchschnittlich, wie die Freude am Leben überhaupt.

Für Otto Mustermann ist sie die Power-Frau. Er heiratet sie. Die Namenszahl 1 + die Namenszahl 8 = 9, die Chaoszahl. Sie heißt nun Lieschen Mustermann.

Wenn Sie die Diagramme miteinander vergleichen, dann sehen Sie schon, dass diese Frau mit ihrem Temperament (5) und ihrer Durch-

setzungskraft (3) ihn «unterbuttern» wird. In der Körperlinie fehlt die 2.

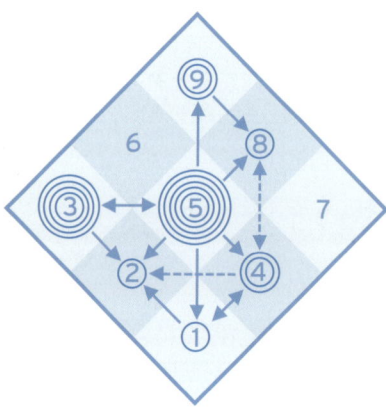

**Lieschen Mustermann**
**39513855 4 31259 4 155**

Was verändert sich mit dem neuen Namen?

Mit der Heirat wird die Körperlinie durch die 2 vervollständigt. Das intuitive Handeln wird sensibilisiert und die körperbetonte Ausdrucksfähigkeit bewusster wahrgenommen.

Die Emotionslinie ist nun ebenfalls komplett und für die seelische Entwicklung gewiss ein Vorteil, sorgt sie doch für Ausgeglichenheit.

Das Ego, die 1, hat eine Aufwertung erfahren, desgleichen die 4, das Realitätsbewusstsein für den Alltag. Die Kreativität (3) hat etwas von ihrem Schwung verloren, ist aber energetisch immer noch stärker aufgeladen als die des Ehemannes.

Unberührt durch die Heirat geblieben ist die 5.

Die Kommunikationsfreude überlagert jeden Lebensbereich. Verbunden mit dem noch immer starken Durchsetzungsvermögen und der nicht aktivierten 7, der Selbstbeschränkung, wird es für Otto Mustermann schwer, sich zu behaupten. Für Lieschen ist Otto der ideale Partner, während es für ihn mit der Ruhe und dem in geordneten Bahnen ablaufenden Alltag vorbei ist. Das ist dann so ein Fall, wo sich die Anteil nehmenden Mitmenschen fragen: «Wie hält der arme Mann das bloß aus?»

Nun, wenn es ihm zu bunt wird, regelt er das halt über seinen Intellekt, da muss Lieschen dann passen, denn die 6, der analytische Verstand, fehlt ihr, da gehen ihr die Argumente aus.

Die in beiden Persönlichkeitsdiagrammen fehlende 7 wird für diese Partnerschaft ausschlaggebend sein. Jeder für sich braucht seinen Freiraum. Wird dieser respektiert, gelingt es auch in einer Chaos-Beziehung, gemeinsam alt zu werden.

Die Aussagen der Diagramme, auf die Bürger und Bürgerinnen bezogen, sind interessant und aufschlussreich.

Die 1 als Spiegelbild der 10, auf die männliche Allgemeinheit bezogen, verstärkt das Selbstbewusstsein, um sich Anerkennung und Respekt zu verschaffen, und sei es nur rein äußerlich, durch den Einsatz der Körperkraft. Wobei das räumliche Vorstellungsvermögen eine besondere Begabung der Männer ist. Sie sehen es einfach, ob ein Bild gerade hängt oder nicht, ein Schrank an die Wand passt oder nicht.

Ob als Bühnenarbeiter oder Feuerwehrmann, wenn es gilt, Körperkraft und Intellekt gezielt in der Praxis einzusetzen, haben sie es einfach drauf. Als Schiedsrichter und Schlichter sind sie prädestiniert, urteilen eher mit dem Kopf als mit dem Gefühl. Geht es um geistige Einfälle, wird es schwierig, das zeigen die fehlende 7 und 8. Sei es auch nur, um einen Text für eine Geburtstagskarte zu verfassen. Sie geben lieber etwas mehr Geld aus für eine, auf der schon ein schöner Spruch steht, als sich den Kopf zu zerbrechen.

Die 8 als Namenszahl für die weibliche Allgemeinheit verbindet die Emotionslinie mit der Geisteslinie. Sie ist zu den Aussagen der männlichen Grundschwingung die ideale Ergänzung. Frauen haben die größere Begabung, mit Enttäuschungen umzugehen, können diese besser verkraften und sind entscheidungsfreudiger. Sie können im Gegensatz zu den Männern nicht sehen, ob ein Schrank an die Wand passen wird, aber wie er an dieser

Wand aussehen wird, das können sie sich gut vorstellen, und Grußkarten schreiben sie sowieso mit eigenem Text.

Die im Diagramm der «Bürger» fehlende 7 trifft in ihrer Aussagekraft, bezogen auf das Gemeinwohl, den Punkt.

Es gilt, die der dieser Zahl zugeordnete Geduld und Selbstdisziplin zu entwickeln, Voraussetzung für eine funktionierende Gemeinschaft mit dem dazugehörenden Fortschritt und ihrer ständigen Wandlung.

# Abgekürzte Namen sind eine Verniedlichung mit Konsequenzen

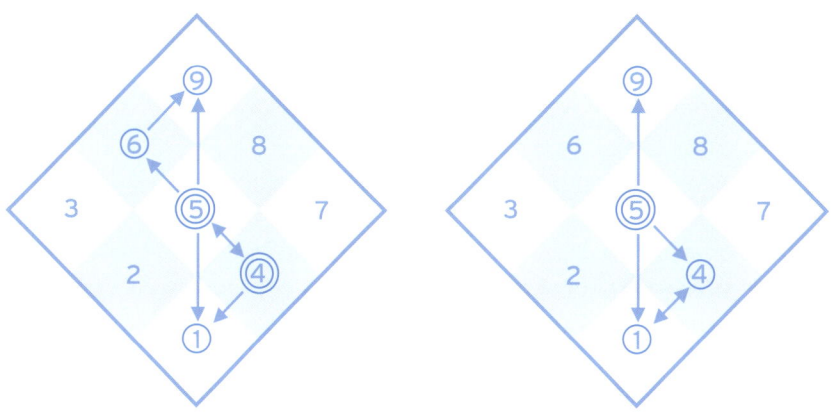

**Manfred** 4156954       **wird gerufen**       **Manni** 41559
**Namenszahl** 7                                            **Namenszahl** 6

Manfred, ein Name, der eine komplette Kommunikationslinie hat und eine vollständige Intellektlinie aufweist. Die Namenszahl ist impulsgebend, dem Männlichen zugeordnet, es passt zu ihm und in das Diagramm des Vaters. Eine gute Ausrüstung für den Lebensweg.
Manni, so wird er aber gerufen. Es bleibt nur noch die Kommunikationslinie erhalten. Die Intellektlinie wird um die 6, den analytischen Verstand, gekappt und der logische Verstand, wichtig für das praktische Handeln und das Wohlstandsbewusstsein, geschwächt.

Die Namenszahl ist impulsempfangend und dem Weiblichen zugeordnet. Dieser Name passt jetzt zwar in das mütterliche Programm, nimmt dem Sohn aber das männliche Identitätsbewusstsein, verunsichert ihn in seinem Auftreten, erschwert ihm den Lebensweg.
Ein Manni wird ständig kämpfen müssen, um sich Respekt zu verschaffen, ein Manfred dagegen nicht.

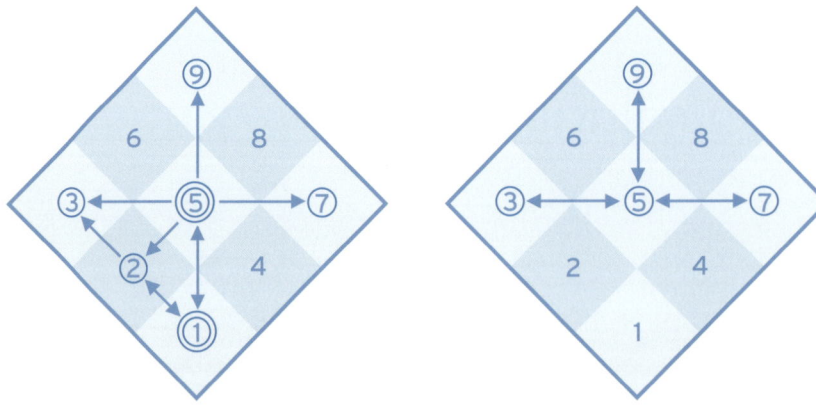

**A n g e l i k a**    **Sie wird jedoch gerufen:**    **G e l i**
1 5 7 5 3 9 2 1                                          7 539

Eine tatkräftige (1 – 2 – 3), kontaktfreudige (1 – 5 – 9), sich zu 100 Prozent einsetzende (3 – 5 – 7) Persönlichkeit mit starkem Selbstgefühl (5) und Identitätsbewusstsein (1). Die überwiegend ungeraden Zahlen zeigen eine männliche Dynamik in der Grundschwingung, jedoch die 6, die Namenszahl, ist dem Weiblichen zugeordnet. In der Verniedlichung Geli bleibt die Namenszahl 6, das Weibliche. Die Dynamik der impulsgebenden Zahlen ist geschwächt, und im Diagramm bleibt nur noch die Effektivlinie komplett. Das Ego, die 1, wird genau so unterschlagen wie die Tatkraft (1 – 2 – 3) und die Kommunikationsfreude (1 – 5 – 9). Hier entsteht der Eindruck, Geli setzt sich immer für etwas ein, nur wofür, das muss man ihr sagen. Sie

wird nicht für voll genommen. Das rächt sich, denn Angelika weiß, was sie will, und es macht ihr nichts aus, dem Ehemann, der sie als Geli sieht und total verkennt, bei Nacht und Nebel die Wohnung leer zu räumen. Was er dann noch findet, ist ein Nagelbrett mit einem Zettel drauf: Schlaf schön, Angelika.

# Doktor, ein Persönlichkeitsprofil wird abgerundet

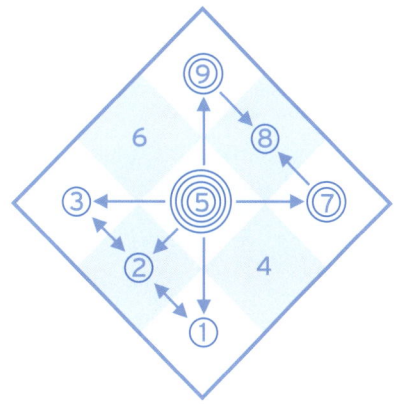

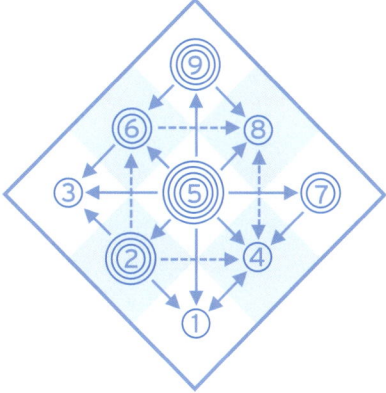

**Helga Gernter**
03.04.1950

**Doktor Helga Gernter**
03.04.1950

Namenszahl: 5

Das Diagramm zeigt eine in sich gefestigte Persönlichkeit. Die zentrale Stellung nimmt die 5 ein, welche noch durch die Namenszahl 5 an Intensität gewinnt. Sie ist richtungsweisend und ungebremst. Analog einer Schaukel mit einem soliden Brett (5) und links und rechts sicheren Halteseilen, der kompletten Körperlinie 1 – 2 – 3 und Geisteslinie 7 – 8 – 9.
Eine ausgeprägte Wahrnehmung und die Fähigkeit, individuelle Erfahrungen einzuordnen sowie in großen Zusammenhängen zu denken, ist Grundschwingung. Das Ich,

die 1, steht im Hintergrund. Helga Gernter verlässt sich voll auf ihre 5 Sinne.
Das verändert sich nun durch den Doktortitel. Die Körperlinie war voll ausgewogen. Die Verstärkung der 2 hat ein bewussteres Auftreten gefördert, die Vitalität und den Unternehmungsgeist gesteigert und die Intuition geschärft. Mit der 4 ist ein Realitätsbewusstsein eingetreten, welches die Lücke in der Weltlinie schließt und zugleich der Vorgabe der Schicksalszahl 4 gerecht wird. Noch wichtiger ist jedoch, dass das Wohlstandsbewusstsein

einen realen Stellenwert bekommen hat. Als Ergänzung der Intellektlinie schärft die 4 in Verbindung mit der 5 den Blick für Details. Der unbegrenzte Sachverstand der 5 wird durch das pragmatische Denken der 4 in logische Bahnen gedrängt, der praktische Instinkt für das Konkrete kann sich in Ruhe entwickeln. Die die Kreativ- und Intellektlinie vervollständigende 6 ist eine optimale Ergänzung, da nun die persönliche Kreativität (3) mit der schöpferische Kreativität (9) zu einer harmonischen Linie miteinander verbunden wird.

Das rationale Handeln wird nicht mehr allein durch Anschauung, Gefühl oder Erfahrung bestimmt, sondern mit beeinflusst durch den analytischen Verstand der 6.

Das ist eine Bereicherung des Selbstwertgefühls und wirkt sich absolut positiv auf die zukünftige Entwicklung und Gestaltung der Zukunft aus, zumal mit der 9 das Bewusstsein für die eigenen Talente und der Mut zum Experiment ebenfalls gewonnen haben.

Die Schwachstelle, die 1, hat im Namensdiagramm keine Aufwertung erfahren, jedoch durch die Zahl 11 an Bedeutung gewonnen.

Das Diagramm, Doktor Helga Gernter ist im aufwärts strebenden Energiefeld stärker aufgeladen, 2 – 5 – 8 und 3 – 6 – 9.

Die Kräfte des Lichts, der Gefühle und die der Spiritualität sind vorherrschend, der verstärkte Intellekt, 4 – 5 – 6, verbindet Phantasie und Wirklichkeit, 1 – 4 – 7. Die Intensität der Gefühle (gestrichelte Linie) passt sich dem Gesamtbild an, der Sinn für die Schönheiten des Lebens, der Genuss, ist geblieben.

## Ein Numeroskop ohne 8

Ungewissheit, besonders in Herzensangelegenheiten, bringt schlaflose Nächte, macht nervös, unausgeglichen und krank. So erging es einer Frau, die eine tiefe Zuneigung zu ihrem Nachbarn empfand und deren Gefühle erwidert wurden. Das Problem, wie es halt so im richtigen Leben ist: Beide haben ahnungslose Ehepartner. Bevor aus der Glut unter der Asche nun ein hell loderndes Liebesfeuer wird, mit unübersehbaren Folgen für alle Betroffenen, stand die Frage im Raum : Wird er sich für mich scheiden lassen?
Anhand eines Numeroskops diese schicksalhafte Frage mit Ja oder Nein zu beantworten wäre vermessen.
Halten wir fest: Das Ziel dieser heimlichen Liebe ist bekannt, es ist die Vorstellung einer Zukunft mit einem neuen Partner. Diese Vorstellung kann nur erreicht werden, wenn der verheiratete Geliebte sich scheiden lässt. Sie erwartet das von ihm, aber kann sie sich darauf verlassen, dass er diesen Schritt macht? Ein Persönlichkeitsprofil kann hier hilfreich sein, denn es bringt Verstecktes zum Vorschein. Es räumt die Zweifel nicht aus, zeigt aber, auf welche Schwierigkeiten man sich einstellen kann, um größere Fehleinschätzungen zu vermeiden. Die 8 symbolisiert die Erkenntnis und Entscheidungskraft. Was ist, wenn sie im Namensdiagramm fehlt?

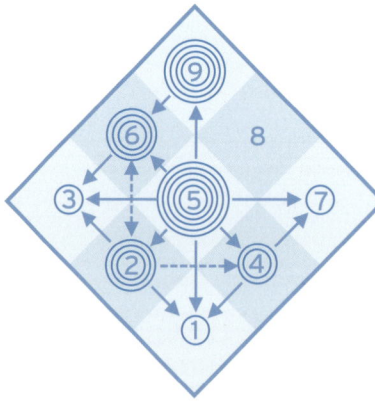

**Doktor Juergen Trendor**

**Namenszahl:** 5
**Schicksalszahl:** 4
**Persönlichkeitszahl:** 4/31

Eine Persönlichkeit mit hohem Intellekt, Redegewandtheit und außergewöhnlichem Wahrnehmungsvermögen.

Er hat alles, kann es nur nicht umsetzen, das zeigt die fehlende 8.

Die Weltlinie zeigt einen Menschen mit wenig Ego, die schwache 1.

Auffallend ist die dominierende 5, die enorme Willensstärke des impulsgebenden Verstandes sowie ein überdurchschnittliches Wahrnehmungsvermögen der fünf Sinne.

Das Selbstvertrauen, durch Erfahrung verstärkt, rundet das Selbstwertgefühl ab.

Er ist sich seiner Stärken voll bewusst, das ist ersichtlich an der Körperlinie.

Die Intellektlinie weist einen Mann

aus mit viel Phantasie, verbunden mit abstraktem Denken, 4 – 5 – 6. Dem Wunschdenken (6) wird die Wunscherfüllung (6) leider selten folgen. Besonders in Liebesangelegenheiten. Denn das Verstandesbewusstsein 4 – 5 – 6 überlagert die Gefühlslinie (fehlende 8).

Ein Mensch, der alles, was seinen vielen Begabungen entspricht, anfasst und mit Hilfe seiner Willenskraft auch verwirklicht.

Die Gründlichkeit und Tiefe seines Wesens geht aus dem Diagramm hervor, diese Energien jedoch zu seinem Vorteil umzusetzen, in seelischer und geistiger Hinsicht, gelingt ihm nicht.

Dafür ist seine Effektivlinie zu schwach, besonders die 3, die Tatkraft als Spontaneität, um seine Träume und körperliche sowie ideelle Kreativität durchzusetzen.

Seine Wünsche werden mit enormer Willenskraft gezügelt und kommen somit bei ihm selbst als Bereicherung seines privaten Empfindens gar nicht erst an. Aufgrund der Schicksalszahl 4 sowie der Persönlichkeitszahl 4 – 3 – 1 kann man davon ausgehen, dass er sehr auf sich fixiert ist und versucht, mit Logik und Macht seines Willens sein Leben auszurichten.

Das erweist sich als Hindernis im sehr starken Gefühlsleben. Solange er die 8 nicht beachtet, kann er diesen Empfindungen nicht nachgeben; egal, was er sich wünscht, er wird seinen Wünschen nicht die Tat folgen lassen. Die ordnende 4 als Schicksalszahl ist eine zusätzliche Fessel. Die viereckige Kiste – er kann den Deckel drauflassen, und alles hat seine Ordnung, oder er macht ihn auf und genießt die Vielfalt. Die 8 ist der Transformator des Lebens.

Ein Diagramm ohne die 8 ist, als hätte man in einem Haus alle Elektrokabel gelegt; Schalter, Lampen, Glühbirnen, alles ist vorhanden, nur der Transformator, um die Kabel anzuschließen, ist noch nicht installiert. Da können die Kabel aus aneinander gereihten Juwelen sein, es nützt nichts.

Um in allen Räumen gleichzeitig Licht zu haben und es für sich zu nutzen, um besser zu sehen und gesehen zu werden, genügt eine Kerze nun mal nicht. Die Sicht ist begrenzt und unscharf.

Die Emotionslinie ist gekappt, die Geisteslinie unterbrochen. Es fehlt die Erkenntnis, Lebensmöglichkeiten, die über einen gewohnten Rahmen hinausgehen, zu beurteilen – $7 – (8) – 9$. Eine intuitiv – $2 – 5 – (8)$ – erfasste Unsicherheit kann sich nicht nur auf außergewöhnliche Lebensentscheidungen hemmend auswirken, sondern zusätzlich, wenn auch vorübergehend, Ängste auslösen. Die Angst davor, eine falsche Entscheidung zu treffen,

lähmt die Initiative. Die klare Aufgabe der 8, zu tun, was zu tun ist, um sich aus den gewohnten Verhaltensmustern auszuklinken und die zukünftige Lebenslaufbahn geistig vorzubereiten, $7 – (8) – 9$, wird nicht erfüllt.

Menschen, in deren Diagramm die 8 fehlt, treffen selten Entscheidungen. Sie reagieren eher auf das, was auf sie zukommt, als dass sie die Offensive ergreifen, um Auswege aus einer Krise zu finden oder ihre Aktivitäten in bestimmte Bahnen zu lenken. Ergibt sich, wie hier im Beispiel beschrieben, eine Situation, die eine kurzfristige Entscheidung notwendig macht, gerät jeder der Beteiligten unter Druck.

Eine unter Druck getroffene Entscheidung ist keine freiwillige, man kann darauf nicht bauen.

Der analytisch geschulte Verstand der 6, sich die Konsequenzen einer Wunscherfüllung realistisch vorstellen zu können, beschränkt sein Handeln. Der Intellekt hindert ihn daran, in der Liebe neue Wege zu beschreiten und ein gesellschaftliches Umfeld zu verlassen. Er hat zu viel zu verlieren.

Die fehlende 8 ist eine Hemmschwelle, die es schwer macht, mit einem klaren Ja oder Nein eine Beziehung zu beenden. Das gilt nicht nur für die Beziehung zu seiner Frau, es gilt auch für die Beziehung zu Frau D.

Die Wahrscheinlichkeit ist größer, dass es ein ewiges Hin und Her gibt, als dass er sich scheiden lassen wird.

Damit es kein böses Erwachen gibt, sollte diese charakterbedingte Schwäche bei besonders gravierenden Weichenstellungen für die Zukunft einkalkuliert werden.

# Ein Numeroskop ohne 5

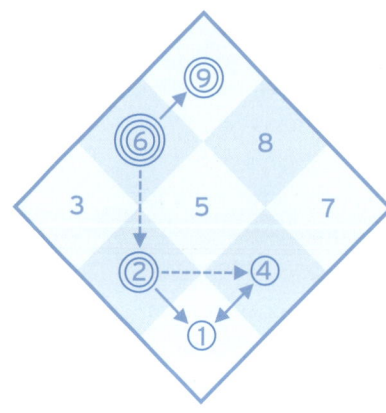

**Doris Obbo**

**Namenszahl:** 9
**Schicksalszahl:** 4
**Persönlichkeitszahl:** 4/31

Das Warum-kann-ich nicht-nein-sagen-Syndrom findet sich häufig in Diagrammen, in denen die 5 fehlt. Für Doris Obbo war es noch gravierender, sie bot ständig ihre Hilfe an, «… lass mal, ich mach das schon».

Sie vernachlässigte dadurch ihre eigenen Interessen, verschwendete teilweise ihre Zeit (fehlende 7) und konnte sich schon selber nicht mehr leiden.

Das Diagramm zeigt einen warmherzigen Menschen (die 2), dessen Handeln beherrscht wird von ausgeprägten Wunschvorstellungen, der 6. Diese Vorstellungen werden gefühlsmäßig gelebt und umgesetzt, 6 – 2. Ein Lebensrahmen (2 – 4 – 1), in welchem die eigenen – Ich – Energien, die 1, in den Hintergrund gestellt werden, lässt sich auf die Dauer eines Lebens nicht durchhalten, denn die 2 zeigt einen ausgeprägten Drang nach Selbstständigkeit, um das eigene Phantasiepotenzial sowie die Träume durchzusetzen.

Doris agiert, zumindest empfindet sie es so (gestrichelte Linie), aus einer für sie vermeintlich sicheren Position (1 – 4 – 2 – 1), dem Dreieck, welches Körper- und Weltlinie sowie die Intensitätslinie miteinander bilden. Sie zieht sich sozusagen in eine Ecke zurück, um je nach Lust und Laune mal dieses, mal jenes in Angriff zu nehmen, je nachdem, was sich gerade ergibt. Die unvollständige Emotionslinie (2 – 5 – 8) zeigt, dass sie ihre im Charakter verwurzelten Fähigkeiten zwar richtig einschätzen, aber nicht zum eigenen Vorteil umsetzen kann. Gerade das ist aber aufgrund der Schicksalszahl 4 vorgegeben. Die 4, seit Urzeiten das Symbol der Materie, der Erde und des festen

Fundaments, symbolisiert nicht nur das Festhalten des scheinbar Sicheren, sondern auch das Verwirklichen einer Idee sowie die Festlegung auf eine Strategie. Hier helfen keine Ausreden vor sich selbst. Verbindlichkeit und Herz genügen nicht, um das Anlagepotenzial zum Herausstellen der 1, des Ego, optimal zu nutzen. Toleranz, Flexibilität, das Sichkonzentrieren auf die Wahrnehmungsfähigkeit der fünf Sinne, das sachliche Denken anzustreben (5) sind notwendig, um die Intellektlinie zu schließen und die vorhandene Kapazität des Denkens zum eigenen Vorteil zu erweitern. Als Störfaktor könnte sich hier eventuell ein übertriebener Ordnungssinn erweisen (4). Die feh-

lende Effektivlinie, aber als Schicksalszahl die 4, führt zu Verunsicherung im Verhalten.

Das Gefühl, gebraucht zu werden (2 – 6), dominiert sehr stark die zwischenmenschlichen Beziehungen. Das ist nicht ungefährlich, da es die Tendenz in sich birgt, sich ausnutzen zu lassen. Hier muss aufgepasst werden, dass die eigene Wichtigkeit für andere nicht zu einem Verhaltensmuster führt, in dem letztendlich Gefälligkeiten mehr zählen als der Mensch Doris. Sie selbst macht sich damit jedoch unbewusst (2) für ihre Mitmenschen unentbehrlich, um Macht auszuüben. Damit ersetzt sie instinktiv (2) die fehlende 5, den Selbstwert. Das Immer-für-andere-da-Sein, egal, um was es geht. Das Anrichten einer Festtafel für eine Freundesfeier oder das Besorgen von Theaterkarten, alles nach dem Muster: «Kannst du mal eben?» oder «Was wären wir denn ohne dich?»

Dieses Verhalten bringt oft größeres Selbstvertrauen, ist aber für die Persönlichkeitsentwicklung von Doris auf Dauer frustrierend.

Mit der Namenszahl 9 hat Doris eine sympathische Ausstrahlung und findet in ihrer Umgebung viel Zuneigung. Ihre innere Unruhe und ihr ab und zu aufbrausendes Temperament lassen erst im Laufe des Lebens nach, wenn sie ihre Wünsche lebt und nicht die anderer.

Das logische Denken und das unlogische Handeln bleiben liebenswerte Weggefährten für die nächsten Jahre. Konflikte sind dadurch programmiert, lassen sich aber lösen.

Für Doris gilt es, sich ein neues Image aufzubauen. Sich von lieb gewordenen Gewohnheiten zu trennen fällt schwer. Wenn man jedoch anfängt, sich im Nachhinein über sich selbst zu ärgern, wird es höchste Zeit, sein Verhaltensmuster zu ändern. Es kostet viel Überwindung, nein zu sagen, wenn man die über Jahre aufgebauten zwischenmenschlichen Beziehungen ungern verliert. Es ist ein langwieriger Lernprozess, der viel Selbstkontrolle und Selbstdisziplin erforderlich macht (3 – 5 – 7). Ohne eine Veränderung des Personenkreises wird es kaum möglich sein, die echten Beziehungen bleiben jedoch erhalten. Im Namen sind sechs impulsempfangende und drei impulsgebende Zahlen. Das weiche, mitfühlende Element überwiegt, die aufrichtige Hilfsbereitschaft bleibt. Der analytische Verstand (6) ist im Diagramm dominierend. Sie kann das ihr angeborene klare Denken einsetzen und sich die Frage stellen: Wer braucht meine Hilfsbereitschaft wirklich und wofür? Ist es vielleicht nur eine Bitte aus Bequemlichkeit?

Sie sollte lernen, die angeborene Hilfsbereitschaft sparsam einzusetzen und dort, wo diese gedankenlos gefordert wird, nein zu sagen.

# Der Wohnort

## Leben Sie in der richtigen Stadt?

# Die Wahl des Wohnortes

Es ist nicht lange her, da galt der Spruch «Von der Wiege bis zur Bahre», wenn man in das Arbeitsleben eintrat. Die Betriebszugehörigkeit bedeutete überwiegend ein Leben lang Gemeinschaft im vertrauten Umfeld, genauso wie das in der Nachbarschaft. Im Zeitalter des Umbruchs und ständigen Wandels verändern sich die Werte, muss sich der Einzelne dem Zeitgeist anpassen, Flexibilität ist gefordert. Die sich daraus ergebende Konsequenz ist unter Umständen ein Wohnungswechsel. Es ist ein Schritt ins Unbekannte, mit vielen existenziellen und emotionellen Fragen verbunden.

Diese beantworten kann ein Numeroskop nicht, jedoch Verdecktes zum Vorschein bringen, das kann es. Es bietet sich auf jeden Fall an als mentale Vorbereitung auf eine geplante neue Umgebung, und nicht nur das. Es kann auch herangezogen werden, um die neugierige Frage zu beantworten: Warum fühle ich mich hier wohl oder nicht?

Persönlichkeitsprofile zeigen uns unsere Stärken und Schwächen, unsere inneren Qualitäten, die unser Bewusstsein und somit unser Verhalten im Alltag bestimmen.

Orte haben über Jahrhunderte ihre Eigenheiten entwickelt und besitzen demzufolge spezifische Grundschwingungen. Es sind Strukturen, in die wir hineingeboren sind, oder aber sie werden aufgrund bestimmter Lebensabläufe zu unserer Wahlheimat. Der numerologische Aufbau eines Ortsprofils unterscheidet sich nicht durch die Form der Erstellung, sondern durch die etwas andere Sichtweise und Handhabung der Auswertung.

Ein Ort hat seine Grundschwingung und wird in seiner Substanz so bleiben. Deshalb stellt sich nicht allein die Frage: «Wie ist dieser Ort, und welche Eigenschaften hat er?», sondern parallel dazu: «Passe ich dahinein?» Und wenn nicht, vorausgesetzt es gibt keine Alternative, worauf sollte ich mich einstellen und was unbedingt beachten? Nachdem Sie die Namenszahl errechnet und das Diagramm erstellt haben, lassen Sie es einfach visuell auf sich einwirken. So, als würden Sie es aus dem Blickwinkel einer Kamera betrachten.

# Hamburg

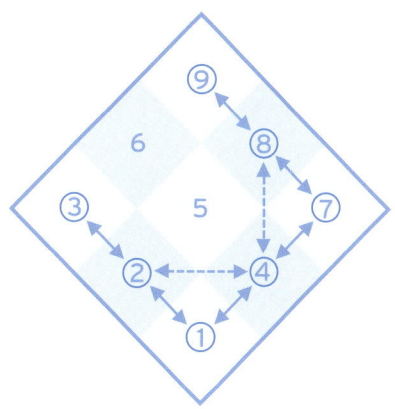

**Hamburg**

8 + 1 + 4 + 2 + 3 + 9 + 7 = 34
= 3 + 4 = NZ 7

Das Innere wird abgeschottet. Ein Schutzwalldiagramm.

Man lässt sich weder in sein Herz (5) noch in seine Pläne (6) gucken. Nach oben offen, ist man allem Möglichen und Unmöglichen gegenüber aufgeschlossen (impulsempfangende 6). Vorausgesetzt, es lässt sich kaufmännisch verwerten, das zeigt die alleinige 4 in der Intellektlinie. Die männliche Dynamik überwiegt, verstärkt die Orientierung nach außen (vier ungerade Zahlen zu drei geraden Zahlen), impulsempfangend, abwartend, diplomatisch (die geraden Zahlen bilden ein Dreieck), nichts wird dem Zufall überlassen.

Eine von Vernunft geprägte Lebenseinstellung ist vorrangig, das zeigt nicht nur die einzige Zahl in der Intellektlinie, die aktivierte 4, es ist zusätzlich daran erkennbar, dass die Körperlinie sowie die Geisteslinie miteinander über die 4 mit der Weltlinie verbunden sind. Die psychische Energie der 2, die bewusste und intuitive Wahrnehmung, das Gefühl, fließt zur 4, dem praktikablen Denken, und zur gleichen Zeit wird computerschnell entschieden (4 – 8), zugunsten der realen Existenz (1 – 4 – 7).

Klar und solide zeigt das Diagramm: Man hält sich an Bewährtes, ist dem Fortschritt (9) gegenüber nicht abgeneigt, sofern sich dieser problemlos (jede Zahl ist einfach beringt) in den Alltag der Stadt einfügen lässt.

Mit Worten geht man sparsam um (fehlende 5 in der Kommunikationslinie), neigt eher zur Überzeugung durch Taten (komplette Körper-, Welt- und Geisteslinie). Die Effektivlinie ist nicht vorhanden.

Die Effektivität des Handelns wird in dieser Konstellation durch die Namenszahl 7 bestimmt. Es ist der siebte Sinn, der Instinkt des Voraussehens mit der dazugehörenden Kenntnis für das Schicksalswalten

(8) und den damit verbundenen Veränderungen (9) für die eigene Existenz.

Das Traditionsbewusstsein (4) ist der Schnittpunkt im Diagramm, bestimmt das Denken und Handeln. Obwohl es eine weltoffene Stadt ist und sehr tolerant (fehlende 6, einfach aktivierte 3 und fehlende 5), gelten hier Umgangsformen, die sich aus einem gewachsenen tiefen Traditionsbewusstsein, also von innen heraus, entwickelt haben.

Die Namenszahl 7 verstärkt das Bedürfnis, Erreichtes beharrlich zu sichern und dafür auf diesen oder jenen Genuss zu verzichten. Das bedeutet jedoch nicht, dass Lebensfreude in dieser Stadt klein geschrieben wird. Es ist halt jedes Geschehen absolut geerdet. Hamburg ist nicht umsonst die Stadt der Kaufleute. Gespür, Gefühl und Taten sind gefragt, keine großen Worte. Mit dieser Mentalität kann man hier Wurzeln schlagen.

# München

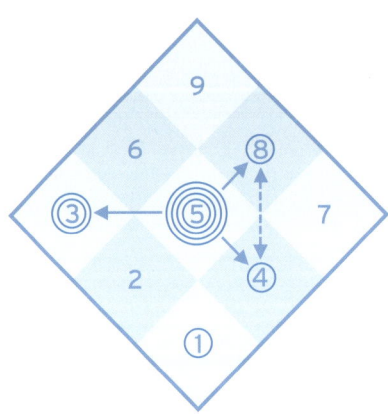

**Muenchen**

4 + 3 + 5 + 5 + 3 + 8 + 5 + 5 = 38 = 3 + 8 = NZ 11

Eine Stadt auf allen Ebenen, nach außen offen, das geht nicht nur aus den überwiegend ungeraden Zahlen hervor, sondern ist auch daran zu erkennen, dass keine der Linien komplett ist. Jeder kann sich seinen Vorstellungen entsprechend entfalten und seine Talente und Begabungen entwickeln, kann seine Individualität leben in der Realität (Weltlinie fehlende 1 und 4), in Outfit oder Körpersprache (Körperlinie, fehlende 1 und 2) sowie im Geistigen und Spirituellen (Geisteslinie, fehlende 7 und 9). Beschränkungen in der Lebensfreude legt man sich nicht auf (3 – 5 fehlende 7). Kreativität und Leistungsbewusstsein (3) werden vom Sachverstand inspiriert. Traditionsbewusstsein und Wohlstandsdenken (4 – 5) in Verbindung mit Handlungsfreiheit (8 – 5) ist wichtig, jedoch die Lebensfreude (5) ist davon nicht abhängig (4 und 8 einfach aktiviert). Dafür ist das Selbstwertgefühl zu stark (5).

Das Kommunikationsbedürfnis ist themenorientiert (Kommunikationslinie nur die 5), anstrengende Überzeugungskraft steht nicht auf der Tagesordnung. Sinnenfreude und Lebenslust (3 – 5 – fehlende 7) haben Vorrang, desgleichen die Vorliebe für die schönen Dinge des Lebens.

Die Effektivlinie zeigt nicht nur den Blick «über den Tellerrand hinaus» (fehlende 7), sie zeigt zusätzlich, dass bei der Durchsetzung (starke 3) eigener Interessen (dominierende 5) Aggressivität (fehlende 7) nicht ausgeschlossen ist.

Die 5, das Herz, dominiert das Diagramm, jedoch sollte man sich davon allein nicht beeindrucken lassen.

München hat als Namenszahl die 11, die Krone, Symbol für Spiritualität und die Macht der Magie, der unerklärlichen Anziehungskraft. Es macht die Stadt verführerisch. Wer ihrem Charme erliegt, sollte die real bezogene Welt nicht aus den Augen verlieren (1 – 4 – 7), die zeigt sie nicht. Die Realität wird gelebt über die doppelte 1. Die Identität, Lebenskraft und das Ego, symbolisiert in der 1, bestimmen den Strom des Lebens, sind 1 darüber, also über der Norm.

Über der Norm, das ist die Messlatte in München.

# Köln

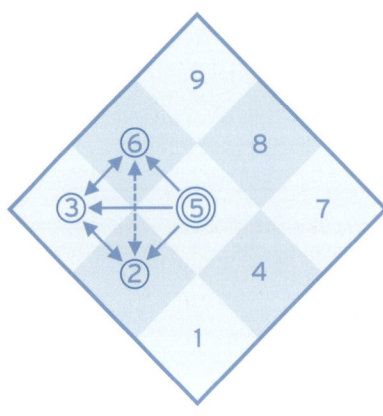

**Koeln**

2 + 6 + 5 + 3 + 5 = NZ 3

Kölner Dom, Kölner Karneval, Kölnisch Wasser.

Die gestaltende Kraft der 3, die Magie der Handlung. Alles Vergangene, Gegenwärtige und Zukünftige findet sich in ihr. In der christlichen Tradition ist sie die Zahl der Vollkommenheit, das Wahrzeichen der heiligen Handlung. Durch die kultischen und religiösen Riten zieht sich die dreimalige Handlung wie ein roter Faden, und auch im Märchen entwickelt ein Zauberspruch erst seine Magie, wenn er dreimal wiederholt wird. Damit beschwört man das geheime Walten gesetzmäßiger Kräfte, die geistig und unsichtbar im Raum sind, die

Universalintelligenz. Aus dieser Zahl sind schicksalsmäßig alle Religionssysteme in ihrer Wirkungsweise entstanden.

Der Kölner Dom verkörpert die spirituelle Grundschwingung dieser Stadt, das Priesterliche, die mystisch-symbolische Handlung, die in der Kölner Fastnacht, dem Karneval, ihre Fortsetzung findet, der Austreibung des Winters und der Abwehr böser Geister.

Wenn wir uns das beeindruckende Diagramm anschauen, dürfte das nirgendwo so gut gelingen wie in Köln.

Ein in sich geschlossenes Quadrat im Saturnquadrat (nach chinesischer Tradition dürfte das eine regelrechte Garantie dafür sein, dass Geisterflüche abgewendet werden). In dieser Stadt ist Platz für all diejenigen, die Innovation mitbringen und einer Leichtigkeit des Seins den Vorrang geben. Es fehlt die Weltlinie. Desgleichen die Geisteslinie. Das bedeutet, dass jeder nach seiner Fasson selig werden kann. Die Lebenselemente der Seele sind die Künste, die 3 und die 6, sowie Intuition und Verstand, die 2 und die 5.

Die extrovertierte Energie der ungeraden Zahlen hält sich mit der introvertierten Energie der geraden Zahlen die Waage.

5 + 3 = 8 sowie 6 + 2 = 8, das Schicksalsbewusstsein ist allgegenwärtig. Das Unvorhersehbare in allen Lebenslagen mit einzukalkulieren ist eine Selbstverständlichkeit, analog einem fünften Rad am Wagen. Es läuft nebenher, ist aber da und in Notfällen sofort einsetzbar. Die 8 steht für Organisationstalent und ist in Zusammenhang zu bringen mit dem in sich ruhenden, fest geschlossenen Quadrat.

Die Tatkraft und Dynamik der kreativen 3 wird ergänzt durch die intellektuelle Kreativität, der 6, die gleichzeitig Träume, Phantasie und Wunschvorstellungen auf Realisierung überprüft. Dieses analytische Denken wird wiederum unterstützt durch die Freude und Lebenslust, symbolisiert durch die 5. Intuition, Gefühl und Verstand, die psychische Energie der 2, schließt den Kreislauf, kehrt zurück in die 3.

Die Effektivität wird vom Sachverstand der 5 bestimmt (was ist machbar?), wobei die Erfahrungswerte ausschlaggebend sind. Das geht aus der fehlenden Weltlinie hervor, der Erdung wird ein grenzenloses Unabhängigkeitsbedürfnis entgegengesetzt.

Die 5 und 6 der Intellektlinie weisen zusätzlich auf ein ausgeprägtes bildhaftes Wahrnehmungsvermögen hin.

Das Körperbewusstsein wird von Vitalität (2) und Kreativität (3) bestimmt. Die fehlende 1 zeigt hier, dass die Entscheidungen darüber unbelastet durch Bodenhaftung sind, der Phantasie wird freier Raum gelassen (fehlende 7).

Die Kommunikationslinie ist nicht ausgeprägt. Es kann davon ausgegangen werden, dass Gesprächspartner ausgesucht werden und in den intensiv gelebten Kreislauf des Quadrates passen müssen.

Phantasie bringt, wenn sie gepflegt und entwickelt wird, immer neue Kreationen hervor.

Eine dieser gelungenen Kreationen ist ein Duft, das Kölnisch Wasser. Es ist verblüffend, wie der Firmenname 4711, die Weltlinie, NZ 4, sich in das Diagramm einfügt und somit aufzeigt, dass Kunst und kaufmännisches Denken in dieser Stadt eine Einheit sind.

Die Fähigkeit, kreative Ideen (3 – 6) in logische Schlüsse (5) umzusetzen, sowie das intuitive Gespür (2) für die eigenen Gefühle und deren Umsetzung in körperliche Aktivität (3 – 2) sowie künstlerische Aktivität (3 – 6), verbunden mit der Wahrnehmung für Lebensfreude (5), macht die Faszination der Stadt Köln aus.

Es ist die zweite Art von Intellekt, die emotionale Intelligenz, EQ.

Charakter, Takt und Feingefühl, verbunden mit einem natürlichen Selbstbewusstsein, kurz, alles was unter den Begriff Herzensbildung fällt. Traditionell gewachsene Werte zu erhalten ist selbstverständlich, ist Herzenssache.

Als die weltliche und kirchliche Obrigkeit vor einigen Jahrhunderten gegen das Brauchtum «der allzu großen Fröhlichkeit» anging, hatte das genauso wenig Erfolg wie das Bemühen der Reformation, die das Fest der Austreibung des Winters als Aberglaube und Verirrung ablehnte.

Keine Stadt für kühle Köpfe, eher eine für heiße Herzen. Die fünfte Jahreszeit beginnt am 11. 11. um 11 Uhr 11. Viermal die 11.

## Bozen – eine Stadt im Wandel, 680 bis heute

Es gibt politische Entwicklungen, die zu einer Veränderung des Lebensraumes führen, wobei die Grundschwingung einer Stadt zwar erhalten bleibt, es sich jedoch nicht vermeiden lässt, dass überlieferte Wertevorstellungen mit der Eingemeindung in eine kulturell anders ausgerichtete Lebensweise revidiert werden müssen. Bis hier eine stabile Komponente erreicht ist, vergehen nicht nur Jahrzehnte. Verständlicherweise kann keine der beteiligten Parteien ihre geschichtlich gewachsene Identität aufgeben. Deshalb gleicht der Weg, Gemeinsamkeit und Harmonie zu errei-

chen, der gegenseitigen Zärtlichkeit zweier Schleifsteine, irgendwo wird's immer bröckeln.

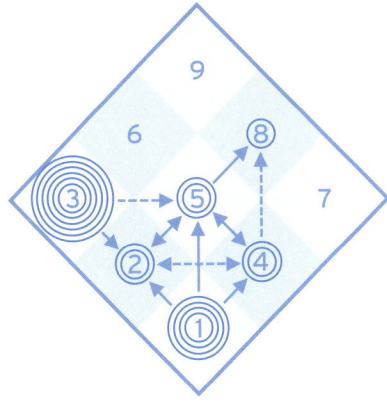

**Castellum Bauzanum**
3 1 1 2 5 3 3 3 4    2 1 3 8 1 5 3 4

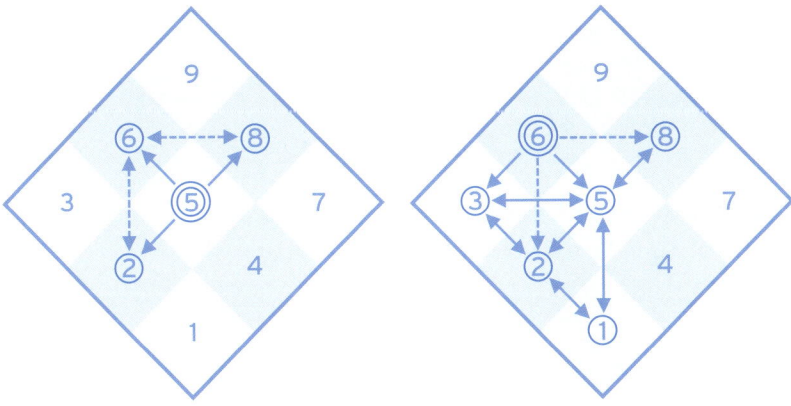

**Bozen**
26855

**Bolzano**
2638156

680 erstmals urkundlich erwähnt, sehen wir eine Jahreszahl mit einer 0 am Ende. Diese 0, das Rad des Schicksals, steht für Geschehen, auf welche die Bewohner des Ortes «Castellum Bauzanum» keinen Einfluss haben. Sie spüren nur de-

ren Wirkung und müssen dementsprechend darauf reagieren, wenn sie sich ihren Ort als Existenz und Heimat erhalten wollen.

Mit der Schicksalszahl 5 hatten sie die Aufgabe, ihre fünf Sinne einzusetzen, um alle täglichen Belange ihres Daseins, der 1, mit Hilfe ihrer Kraft und Macht, der 3, zu bewältigen. Sie waren sich ihres Daseins, der 1, voll bewusst. Die Körperlinie zeigt Lebens- und Tatkraft. Die 3 steht für Entschlusskraft und Durchsetzungsvermögen sowie persönliche Kreativität. Diese ist verbunden mit ungehemmter Aggressivität (fehlende 7). Sie räumten alle sich ihnen entgegenstellenden Hindernisse aus dem Weg (3 – 2 – 1) und erkämpften sich Erfolg und Ansehen (1 – 4 – 5). Sie wollten «niemand anders sein als sie selbst», die 1, und das mit größtem Einsatz, das zeigt das Quadrat 1 – 4 – 5 – 2 – 1.

Gefühlsmäßig sehr erdverbunden, neigten sie zum «Tun, was zu tun ist», denn die 8 ist mit der 4, dem praktischen Denken und der Vernunft, der 5, verbunden. Alles, was in die spirituelle und geistige Richtung zeigt, war ihnen nicht so wichtig. Das zeigt die fehlende 9. Die zweite Bedeutung der 8, «geschehe, was geschehen soll», ein gewisser Fatalismus, war ihnen fremd, genauso wie Phantasie und Vorstellungskraft, das zeigen die nicht aktivierten Felder der 9 und 6. Ganz konnten sie ihr Ego und ihr unbeherrschtes Temperament jedoch nicht ausleben. Das lag an ihrer Schicksalszahl 5, in der die maskuline 3 und die feminine 2 enthalten sind. Sie wurden von der Weiblichkeit gebremst. Sie konnten von sich selbst und der Welt, in der sie lebten, reden, das zeigt die 1 – 5. Das Ich, die Kampfkraft und die Realität, das war ihre Welt – bis zum Jahr mit der Schicksalszahl 8, der Zahl der Unendlichkeit und des Bewusstseins für die Macht des Schicksals, für das Unvorhergesehene.

Es ist das Jahr 1286. Der Name «Bozen» hat sich im Laufe von 606 Jahren herauskristallisiert, und der Ort erhält das Stadtrecht.

606 Jahre waren vergangen, es drehte sich das Rad des Schicksals, die Null, und eine andere Zeit begann. Eine Epoche war zu Ende.

$606 = 6 + 0 + 6 = 12 = 1 + 2 = 3.$

3, die Zahl mit einem Anfang, einer Mitte und einem Ende, graphisch dargestellt durch ein Dreieck. Genau dieses zeigt das Namensdiagramm Bozen, und nicht nur das. Es entwickelt sich eine neue Mentalität, genau entgegengesetzt der der Vorfahren. Der Realitätssinn: zu glauben, was man sieht, wandelt sich in: zu glauben, was man sich vorstellt. Die gesamte Weltlinie ist verschwunden. Und nicht nur die.

Das draufgängerische Durchsetzungsvermögen der 3 zum eigenen Vorteil, der 1, die Identität, das Ego, mit den dazugehörenden Führungsqualitäten um die eigene Individualität herauszustellen, fehlt. Die Effektivität wird über den Sachverstand der 5 geregelt.

Und reden muss man auch nicht mehr, nur das Nötigste. Das zeigen die fehlende 1 und 9 in der Kommunikationslinie. Was war geschehen?

$1286 = 1 + 2 + 8 + 6 = 17 = 1 + 7 = 8$

Die Schicksalszahl 8, die Zahl für das Unvorhersehbare – frei nach dem Motto: Mit des Geschickes Mächten ist kein ew'ger Bund zu flechten –, trifft auf die Namenszahl 8, verdoppelt die damit verbundene Symbolik. Das Schicksalsbewusstsein wird stärker.

Erbitterte Kämpfe um die Macht in Bozen machten eine konkrete Lebensplanung unmöglich. Flexibilität und Vorstellungskraft, die 6, verbunden mit dem Sachverstand der 5, sicherten das Überleben. Gefühl für die emotionale Entscheidung, die 2 – 5 – 8, wurde entwickelt.

Die Erkenntnis (8) daraus zu ziehen und sich der jeweiligen Lebenssituation anzupassen war vorrangig. So entstand der Generationengeist des Bozener Bürgertums, welcher 1635 belohnt wurde.

$1635 = 1 + 6 + 3 + 5 = 15 = 1 + 5 = 6$, die Vollendungszahl.

Es wurde der Stadt Bozen das Recht zugesprochen, ein autonomes, übergeordnetes Handelsgericht, den Merkantilmagistrat, einzurichten. Dieser Vorzug festigte die Bedeutung Bozens als Handelsstadt. Es war der Beginn eines sich ständig entwickelnden Wohlstandes, verbunden mit dem Stolz der Kaufleute auf die «acht Bozner Seligkeiten»:

... ein Geschäft in den Lauben,

... ein Weinhöf'l in Überetsch,

... ein Sommerhaus auf dem Ritten

... und dazu noch eines am Gardasee.

... ein Namensschild in der Stadtpfarrkirche,

... ein Logenplatz im Theater

und eine Boznerin als Ehefrau.

Die achte Seligkeit sollte ewig währen, im Arkadengrab auf dem Friedhof mit Direktverbindung in den Himmel.

Doch es sorgt die Schicksalszahl 8 wieder einmal für Überraschungen. Es schickt «B o z e n» eine Dualseele – «B o l z a n o».

Identität, Kreativität sowie Gefühl und Phantasie. Jetzt hat der Ort zwei Seelen in seiner Brust. Bolzano hat als Namenszahl die 4. Die 8 und die 4 ergeben die 12.

12, eine göttliche Zahl für alles Himmlische, die Tierkreise und Monate des Jahres, für die zwölfte Stunde, die Mitternachtsstunde mit ihrer wundersamen reichen Welt der Magie.

# Beziehungen

Was ein Numeroskopvergleich verrät

Wenn Gutachten erstellt werden, interessiert zuerst das Ergebnis. Wie der Sachverständige das ermittelt hat, also der Text, ist zwar informativ, aber zweitrangig, die kurze Zusammenfassung als Endergebnis ist der i-Punkt.

In der Numerologie ist das nicht anders. Die Eigenschaft unseres Gedächtnisses, eher Bilder statt nüchterner Informationen zu speichern, das uns angeborene bildhafte Wahrnehmungsvermögen erleichtert die wichtige, klare und verständliche Kurzfassung.

Es wird nicht ausbleiben, erläuternde oder beratende Gespräche mit Personen zu führen, die sich für ein Numeroskop interessieren.

Unser Bild ist das Diagramm. Wenn dazu noch präzise Erklärungen als Hintergrundinformation folgen, ist es für einen jeden nachvollziehbar und bewirkt den berühmten Aha-Effekt, den Denkanstoß.

Charaktere können gegensätzlich sein, wichtig ist jedoch eine gemeinsame mentale Basis, dazu gehört zum Beispiel, über die gleichen Dinge lachen zu können. Unüberbrückbare Gegensätze sind ohne die Joker Toleranz und Liebe, also die Achtung des anderen unter Bewahrung der Selbstachtung, nicht in den Griff zu kriegen. Die Temperamente können verschieden sein, wichtig ist, dass die Persönlichkeiten gut zusammenpassen und von

Natur aus gegebene Unterschiede nicht zu gravierenden Gegensätzen werden.

Sie wissen, wenn Sie in einem fremden Land nur einige Worte oder Sätze der Landessprache beherrschen und anwenden, wird Ihnen ungebremst in dieser Sprache geantwortet. Egal, ob Sie das Gesagte verstehen oder nicht, der Angesprochene geht schlicht davon aus, dass Sie ihn verstehen. Woher soll er auch wissen, welchen Umfang Ihre Sprachkenntnisse haben? Dass sich die Übereinstimmung in der Sprache nur auf Bruchteile bezieht?

Wer gefühlsbetont handelt, geht irrigerweise davon aus, dass er gefühlsmäßig, also intuitiv von seinen Mitmenschen verstanden wird. Wer verstandesmäßig handelt, setzt irrigerweise voraus, dass sein Gegenüber das verstandesmäßig nachvollziehen kann.

Durch die Numerologie kann man herausfinden, wie viel Übereinstimmung zwischen den Partnern besteht bzw. wo die Unterschiede liegen.

| | |
|---|---|
| **im Körperlichen** | 1 - 2 - 3 |
| **im Weltlichen** | 1 - 4 - 7 |
| **im Intellektuellen** | 4 - 5 - 6 |
| **im Emotionellen** | 2 - 5 - 8 |
| **im Geistigen** | 7 - 8 - 9 |
| **im Kreativen** | 3 - 6 - 9 |
| **im Effektiven** | 3 - 5 - 7 |
| **im Kommunikativen** | 1 - 5 - 9 |

Ersichtlich ist das nicht nur anhand nicht aktivierter Linien, sondern zusätzlich anhand der fehlenden Zahlen bzw. der Anzahl der Ringe in den entsprechenden Linien.

Aus der Vielfalt unseres Alltags mit den dazugehörenden zwischenmenschlichen Schwierigkeiten lassen Sie mich einige als Beispiel aufzeigen.

# Mutter-Sohn-Konflikt

Allein erziehende Mütter (auch Väter) setzen sich häufig unter Druck. Sie sind der Meinung, sie müssten durch besondere Fürsorge das elterliche Element ausgleichen, das in der Familie fehlt.

Als allein erziehende Mutter ist es nicht immer leicht, mit einem heranwachsenden Sohn klarzukommen. Wenn jedoch über Wochen hinweg aus jedem Montagmorgen so eine Art Horrortrip wird und sich die Anzeichen mehren, dass sich das zu einem Dauerbrenner entwickelt,

dann wird zwar die Mutterliebe nicht weniger, aber der Zorn über das Theater auch nicht. Es waren keine großartigen Geschehnisse, im Gegenteil, es war der Kakao. Entweder war er zu heiß oder zu kalt oder nur lauwarm. Irgendwie hatte der nie die richtige Temperatur. Rechtzeitig aufzustehen, um pünktlich in der Schule zu sein, stand beim Sohn montags auch nicht auf dem Programm, drei- bis viermal Wecken war Standard, die Mutter entnervt.

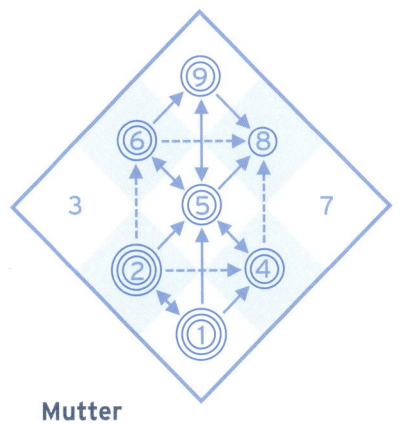

**Mutter**
**Schicksalszahl** 7

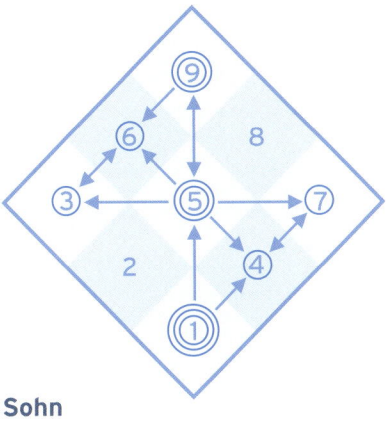

**Sohn**
**Schicksalszahl** 2

Frieda – ein gefühlvoller, intelligenter, harmoniebedürftiger Charakter, mit gesundem Egoismus und guter Redebegabung.

Auffallend ist, dass im Verhältnis zur Gesamtenergie des Namensdiagramms die Felder 3 und 7 fehlen, Durchsetzungsvermögen und Härte. Das kann zu großen Unsicherheiten bei wichtigen persönlichen Entscheidungen führen. Hier liegt der Schwerpunkt auf der 3, der Eigeninitiative. Das heißt, eine bestimmende Form der Aggressivität zu entwickeln und diese gleichbleibend im Ausdruck anzuwenden. Immer wird die Entscheidungsfähigkeit für das weitere Leben eingefordert werden, wenn auch mit Tränen. Das Durchsetzungsvermögen wird das Streben nach Harmonie, 2 – 6 – 8 – 4, auf das richtige Maß reduzieren müssen. Ungeduld und aufbrausendes Temperament sind Kehrseiten der fehlenden 7. Die Zielsetzung der 7, das heißt eine Richtung konsequent anzusteuern, gibt die Schicksalszahl vor. Die körperliche Ausdrucksfähigkeit ist noch unvollendet, 1 – 2 – fehlende 3. Dabei besteht zu Unsicherheit kein Anlass.

Gegenüber Daniel muss die 7 aktiviert werden, das konsequente Grenzensetzen.

Das kann er gut akzeptieren, er probiert aber natürlich aus, wie weit er gehen kann, und das natürlich so lange, bis ein Stoppschild kommt. Über die Gefühlsschiene ist ihm nicht beizukommen, da er dort keine Aufnahmemöglichkeit hat (unvollständige Emotionslinie 2 – 5 – 8).

Er hat klare Vorstellungen und ist ehrlich. Nur über die Intellektlinie 4 – 5 – 6 ist bei ihm etwas zu erreichen. Auffallend ist, dass im Verhältnis zur Gesamtenergie des Namensdiagramms das Feld 1 dominiert. Daniel hat als Schicksalszahl die 2. Da sich diese 2 aus der ursprünglichen Ziffer 11 des Geburtsdatums zusammensetzt, neigt Daniel dazu, über ein bestimmtes Ziel hinauszuschießen, im Guten wie im weniger Guten.

Er hat ein starkes Ego und ist praktisch begabt, mit viel Sinn für die Realität, 1 – 4 – 7.

Für das, was er sich vorstellen kann, 3 – 6 – 9, setzt er sich hundertprozentig ein, 3 – 5 – 7, egal, ob es einen Sinn ergibt oder nicht, fehlende 8. Das Umsetzen seiner Einfälle in die Gefühlswelt, 2 – 5 – 8, und geistige – also Gedankenwelt, 7 – 8 – 9, fehlt. Das heißt, wenn er von einer Sache verstandesmäßig überzeugt ist, 4 – 5 – 6, setzt er sein Redetalent, 1 – 5 – 9, ungebremst ein. Die Intuition, ob es gut ist oder gut gehen wird, die 8, ist nicht aktiviert. Er meint es immer ernst.

Sein Wahrnehmungsvermögen für seine Talente geht über seine Vorstellungskraft hinaus, dadurch überschätzt er sich häufig.

Die wichtigste Linie, die Gefühlslinie, 2 – 5 – 8, ist nicht aktiviert. Die sich bereits abzeichnenden emotionalen Probleme sind nicht zu unterschätzen, wenn jetzt nicht bereits versucht wird, erzieherisch darauf einzuwirken.

Die 2 als Schicksalszahl – aufklären, bewerten, einordnen – führt bei ihm immer nur zum Intellekt, dem rationalen Denken, 5 – 5, oder abstrakten Denken, 5 – 6. Zur 8, dem Transformator für Gefühl und Geist, geht keine Energielinie. Da liegen seine Schwierigkeiten. Er wird beide Seiten der 8 leben, ohne Gefühl für die Folgen.

Er rebelliert montags gegen die bestehende Ordnung der kommenden Woche mit ihrer Regelmäßigkeit: ER steht nicht auf.

Gegenüber der Person, die diese Ordnung der kommenden Woche vertritt, verhält er sich entsprechend egoistisch, ohne Gefühl für die Sohn-Mutter-Beziehung.

Den Alltagszwang, dem die Mutter unterliegt, der Verpflichtung, ihn in die Schule schicken zu müssen, nutzt er aus, um seine Macht zu demonstrieren.

Wenn er damit den einen Teil der 8 – zu tun, was zu tun ist – ausgelebt hat und er aufsteht, kommt die zweite Variante der 8 – «geschehe, was geschehen soll» – er fügt sich

in die bestehende Ordnung. Aber nun kommen seine überzogenen Erwartungshaltungen und sein Kontrollstreben zum Vorschein (Effektivlinie 3 – 5 – 7).

Der Kakao entspricht nicht seinen Erwartungen – zu heiß, zu kalt usw., und selbstverständlich hat die Person, die das Getränk zubereitet hat, nicht entsprechend seiner Vorstellungen funktioniert.

Den Kakao einfach nur zu trinken, das ist ihm zu simpel. Er müsste ja dann das Gefühl der mütterlichen Fürsorge annehmen. Die Gefühlslinie ist nicht aktiviert, er kann damit noch nicht umgehen. Das ist die eigentliche Ursache für die sich ständig wiederholenden Konflikte. Er sollte die Dinge, an denen er herumnörgelt, selbst machen, damit er zwischen Vorstellung und Realität unterscheiden lernt.

Die Montage sind entschärft worden. Er wird nicht mehr geweckt, Milch und Kakaopulver werden nur noch hingestellt. Eigenverantwortung ist das Schlüsselwort.

# Eine private und geschäftliche Partnerschaft

Es ist Tradition und genießt in unserer Gesellschaft hohes Ansehen, wenn Mann und Frau ein gemeinsames Unternehmen führen.
Ob es ein kleiner Kiosk ist oder ein großes Hotel, beide erbringen höchstmöglichen Einsatz. Das wird respektiert und anerkannt.
Was auch immer die Motive sein mögen, es ist eine zukunftsorientierte, langfristige Planung.
Für die Liebe ist das ein gefährlicher Balanceakt. Es lässt sich nicht vermeiden, dass Spannungen, die ja nicht ausbleiben, vom privaten in den geschäftlichen Bereich übertragen werden und umgekehrt. Auf dieser Basis können sich charakterliche Unterschiede zu Gegensätzen entwickeln, da die Reaktionen zwischen Gefühl und Verstand sich nicht nur auf das emotionale Zusammenleben beschränken, sondern zusätzlich auf das Existenzielle. Das kann zu einer Überforderung beider Partner führen.
Um das in erträglichen Grenzen zu halten, kann der Blick in ein Numeroskop sehr hilfreich sein. Anhand der folgenden Diagramme ist erkennbar, dass die Partner sich ergänzen und viele Gemeinsamkeiten haben.

Zusätzliche Akzente setzen die Persönlichkeitszahlen.
Von der Mentalität her sind beide gleich, sie haben dieselbe Schicksalszahl, die 3. Die Persönlichkeitszahl 3/30 und die 3/39 unterscheiden sich in der Endziffer. Im Gegensatz zur Endziffer 0, welche das Ständig-in-Bewegung-Sein, aus Freude an Wirbel und Umwälzung an allem Möglichen und Unmöglichen zu drehen, symbolisiert, bedeutet das, dass die Partnerin zwar nicht abgeneigt ist, alte Maßstäbe außer Kraft zu setzen (9), jedoch nur mit dem Ziel, die Lebenssicherung auf neue Fundamente zu stellen. Das Jetzt steht obenan, die stabile Gegenwart ist wichtig. Die 3/30 kann gut mit dem «Alles oder Nichts» umgehen und eine Idee, die nicht durchführbar ist, wieder fallen lassen. Das kann die 3/39 nicht so gut.
«Alles» ja, aber wenn es nicht zu erreichen ist, stellt sich sofort die Frage, welche Alternative sich anbietet. Beide sind dahingehend gleich, dass, wenn sie etwas anfangen, es auch zu Ende bringen möchten.
Die Null ist das hermetische Siegel, es befähigt seinen Träger, mit Erfolgen oder Misserfolgen in geschäftli-

chen oder menschlichen Beziehungen umzugehen.

Für die 3/39 müssen Bindungen und Verpflichtungen durchschaubar sein, sonst wird die innere Ruhe gestört, und Handlungen werden blockiert.

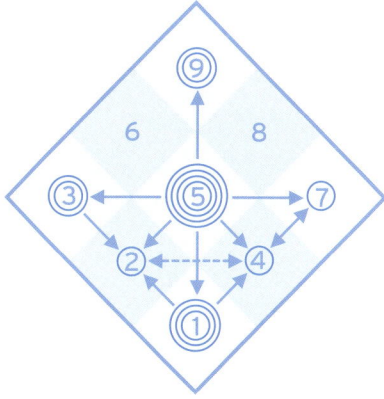

**Angelika**
**Schicksalszahl** 3
**Persönlichkeitszahl** 3/39

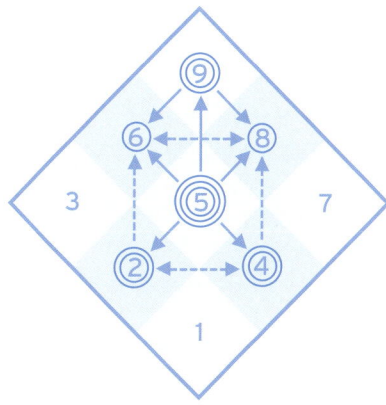

**Dieter**
**Schicksalszahl** 3
**Persönlichkeitszahl** 3/30

Vergleicht man nun die Diagramme miteinander, sieht man einen großen Unterschied, bei Angelika sind alle Ecken dicht. Sie ist der Schutzschild für den Partner, aber auch Schutzschilde werden im Laufe der Jahre dünner, sind Ermüdungserscheinungen unterworfen. Das zu beachten ist wichtig.

Das Verhängnis für starke Menschen besteht darin, dass es kaum bemerkt wird, wenn sie an der Grenze ihrer Belastbarkeit angekommen sind, und wenn es bemerkt wird, fällt es dem Umfeld schwer, sich auf die neue Situation einzustellen und die Ursachen zu erkennen, um hilfreich zur Seite stehen zu können.

Hoch begabt, mit einem starken Ego und Sinn für die materielle Realität (1 – 4 – 7), ausgestattet mit einem fotografischen Gedächtnis (3 – 5), hat die Frau ein Diagramm, das sie körperlich (1 – 2 – 3) und geistig (1 – 5 – 9) extrem beweglich zeigt. Es dominiert die Kommunikationslinie, wobei die 5 nicht nur auf künstlerische Begabungen hinweist und auf Freude an allem Schönen, sondern in Verbindung mit der Effektivlinie eine innere Härte zeigt. Eine verborgene Unnachgiebigkeit, besonders im Geschäftlichen, wird durch angeborene Liebenswürdigkeit und Fairness überdeckt. Bei Verhandlungen werden Gefühle ausgeschaltet.

Hierbei ist die Fähigkeit, die Beweggründe anderer Menschen zu durchschauen, also ein ausgeprägtes Gespür für die Gefühle und Gedanken anderer zu haben, von unschätzbarem Wert. Es verhindert Sympathieverluste.

Die angeborene Vielseitigkeit (1 – 5 – 9) gehört zur Persönlichkeit. Selbstdisziplin und Selbstbeherrschung zeigt die Effektivlinie. Allerdings deckelt sie die Persönlichkeit dahingehend, dass Wünsche (6) und Erkenntnisse (8) kaum geäußert werden und eher im Verborgenen bleiben. Das liegt an einem gewissen Misstrauen gegen Bindungen, die sich noch nicht lange bewährt haben, denn ansonsten ist die Einstellung für Dauerbindungen positiv. Die männliche Dynamik überwiegt, das geht schon allein aus dem Vornamen Angelika hervor. Wichtig ist eine harmonische Partnerschaft. Sobald jedoch das Gleichgewicht gestört ist, führt das zu einer kräftezehrenden Unausgeglichenheit, die krank machen kann und zum Verlust der Lebensfreude führt.

Auslöser dafür können Ereignisse sein, die von außen in den Alltag hineingetragen werden. Da die 8 in der Emotionslinie nicht aktiviert ist, kann davon ausgegangen werden, dass man zwar für andere kämpfen kann bis zum Umfallen, aber nicht so gut für sich selbst. Die Vielseitigkeit der Persönlichkeitsentfaltung kann durch eine berufliche Eingleisigkeit gehemmt werden. Dieser Stressfaktor ist nicht zu unterschätzen, wenn das Berufsleben kaum vom Privaten getrennt wird und der Kreis der Freunde nicht auf die spezifischen Eigeninteressen abgestimmt wird.

Das männliche Namensdiagramm zeigt eine Persönlichkeit mit hoher intuitiver Begabung (komplette Emotionslinie) sowie einem Intellekt (4 – 5 – 6), der vom Sachverstand der 5 gesteuert wird. Achillesferse ist die Verletzlichkeit, ersichtlich aus der alle impulsempfangenden Zahlen berührenden gestrichelten Linie.

Diese übermäßige Sensibilität kann zu einer sich und die Umwelt belastenden Empfindsamkeit führen, welche unnötigerweise den Lebensalltag erschwert. Diese Empfindsamkeit wird verstärkt durch die fehlende 1, das Ego, es ist ungeschützt, ebenso wie die 3, die Tatkraft, und die 7, die Selbstbeschränkung. Das kann in bestimmten Situationen zu gefühlsmäßigen Überreaktionen führen, mit daraus resultierender Unbeherrschtheit. Dieses ist eine angeborene Tendenz und lässt sich nicht ändern, jedoch mildern durch die 5, das Herz des Diagramms.

Wenn es gelingt, das Selbstwertgefühl (ebenfalls die 5) zu stabilisieren und das gefühlsbetonte Denken dem verstandesbetonten Denken nachzuordnen, stellt sich eine größere innerliche Ausgeglichenheit ein, so eine Art diplomatisches Seelenleben, auch wenn Ruhe als halber Tod empfunden wird. Die Ich-Energien (1) werden in den Hintergrund gestellt, nicht nur in der Partnerschaft.

Eine große Toleranz und Weitsicht (fehlende 3 und 7 der Effektivlinie), verbunden mit einer sprunghaften Impulsivität (5 – 9 – fehlende 1), ist nicht ungefährlich. Gerade dieses Sich-nicht-in-den-Vordergrund-stellen-Wollen befähigt zu Handlungen, die seinen Mitmenschen seiner Überzeugung nach zum Vorteil gereichen. Ob das die anderen genauso sehen, diese Frage stellt sich selten. Verleitet dazu wird er durch seinen Idealismus (9) und aus dem Bauch heraus (5) getroffene Entscheidungen (Kommunikationslinie, fehlende 1, starke 5 und 9), verbunden mit einer auf Empfang eingestellten Gefühlslinie (gerade Zahlen, verbunden durch gestrichelte Linie).

Es sind spontane Handlungen, die jedoch meistens nicht auf Gegenliebe stoßen. Das bedeutet schmerzliche Enttäuschungen. Hier ist der Sachverstand eine entscheidende Hilfe, denn diese Enttäuschungen sind selbst verursacht. Simpel ausgedrückt, es ist gut gemeint, wird jedoch nicht immer angenommen.

Es kann nicht schaden, aus dieser Achillesferse Konsequenzen zu

ziehen, mit Hilfe des Intellekts
(4 – 5 – 6). Die 4, das praktische und
logische Denken, die 5, das Wahrnehmungsvermögen, und die 6,
dem analytischen Verstand sowie
Vorstellungsvermögen.

Die 3 als Schicksalszahl gibt die
Richtung vor, hebt die übertriebene
Rücksichtnahme auf andere zuungunsten der eigenen Person auf.

Das heißt außerdem, dass logisches
Denken, die Praktikabilität und
Sinn für Genauigkeit reichlich vorhanden ist. Administrative Tätigkeiten sollten vermieden werden,
die ihn an einen Platz fesseln.

Nicht ungefährlich ist die fehlende
7, besonders im Geschäftlichen.
Sie steht für die Wahrnehmungsfähigkeit materieller Zusammenhänge (1 – 4 – 7), somit für eine
sinnvolle Begrenzung des individuellen Umgangs mit der Zeit. Es ist
schwierig, die Realität richtig einzuschätzen, wenn die 1, die 3 und
besonders die 7 nicht aktiviert sind.

Übersehen wird häufig, dass nicht
die Motivation eine emotionale
Gemeinsamkeit entstehen lässt,
sondern die gemeinsame geistige
Einstellung hilft, die Hürden des
Lebens zu nehmen.

Das gilt für geschäftliche Beziehungen ebenso wie für private.

Die das Numeroskop dominierende
5 zeigt nicht nur Sachverstand,
Lernfähigkeit und Wahrnehmungsvermögen, sie steht auch für die

Fähigkeit, sich ein exaktes Bild von
sich selbst zu machen (5 – 6).

Sie symbolisiert (dreifach aufgeladen) die intrapersonelle Intelligenz,
eine Begabung, mit deren Hilfe sich
die eigenen Gefühle unterscheiden
lassen und es möglich macht, zum
eigenen Schutz Verhaltensänderungen herbeizuführen.

### 3/30 und 3/39

Sein Erfolg beruht in erster Linie
auf seinem Einfühlungsvermögen
und dem Intellekt.

Der Erfolg von Angelika liegt in erster Linie in ihrer Disziplin. Sie kann
ohne eine gewisse Ordnung nicht
leben. Durcheinander raubt ihr die
innere Ruhe und blockiert ihre
Handlungsfähigkeit in anderen Bereichen.

Da Angelika sehr viel Energie und
Liebe zu geben vermag, ist ihr Partner mit seiner auf Empfang eingestellten Gefühlswelle für Angelika
genau der Richtige und umgekehrt
ebenso.

Aus den Persönlichkeitszahlen 3/30
und 3/39 ist die unterschiedlich
lange charakterliche Entwicklungszeit ersichtlich. Während Dieter
mit 30 Jahren seinen Persönlichkeitstypus erreicht hatte, also
in seinen charakterlichen Veranlagungen gefestigt war, erreichte
Angelika erst mit 39 Jahren ihren
Persönlichkeitstypus.

Bei Partnerschaften wird oft übersehen, dass unterschiedliche Entwicklungszeiten zu gegenseitigen Missverständnissen führen können, nämlich dann, wenn ein Partner bereits in seiner charakterlichen Grundtendenz gefestigt ist, der andere jedoch noch in seiner Entwicklung steckt und für seine Persönlichkeitsentfaltung im Zusammenleben keine Zeit mehr für die Entwicklung eigener Talente findet.

Je enger die Bindung, desto mehr Freiraum sollte sich jeder für sich nehmen, um das Gefühl zu vermeiden, er hätte alles nur für den anderen getan.

# Das Hochzeitsnumeroskop – Wie passen wir zusammen?

## Ein ungewöhnliches Geschenk

Wenn Sie ein Numeroskop verschenken, genügen nicht nur die Graphik und der Text. Eine Erklärung der Linien gehört mit dazu, damit der Text nachvollziehbar wird. Im Format DIN A4 und auf farbigem Papier ist es sehr attraktiv. In individuelle Numeroskope können Sie alles Persönliche, was Ihnen über die Personen bekannt ist, mit einbauen. Es sollte nur zur Symbolik der Zahlen passen. Wenn Ihnen das nicht liegt, fassen Sie das, was Sie den beiden gern mit auf den Weg geben wollen, am Ende zusammen. Die Briefform ist die charmanteste, wobei es eine untergeordnete Rolle spielt, ob die Anrede, je nach Vertrautheit, die Du- oder die Sie-Form hat.

**Erkärung der Linien:**

| | | | |
|---|---|---|---|
| 1 | 2 | 3 | Körperlinie |
| 4 | 5 | 6 | Intellektlinie |
| 7 | 8 | 9 | Geisteslinie |
| 1 | 4 | 7 | Weltlinie |
| 2 | 5 | 8 | Emotionslinie |
| 3 | 6 | 9 | Kreativlinie |
| 1 | 5 | 9 | Kommunikation |
| 3 | 5 | 7 | Effektivität |
| - | - | - | Energiefluss |

# Der Bräutigam

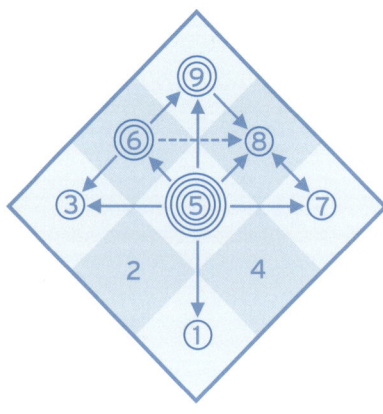

**Erwin Hongalo**
16.11.1976
**Namenszahl:** 6
**Schicksalszahl:** 5
**Persönlichkeitszahl:** 5/32

Liebe Roberta, schau ihn dir an. Das Namensdiagramm zeigt eine Persönlichkeit, deren emotionale Tatkraft (das Instinktgefühl 5 – 8), verbunden mit großer Anpassungsfähigkeit, überwiegend die Handlungen bestimmt. Eine wechselnde, im Lebenskern leidenschaftliche Persönlichkeit (5), sehr schnell verletzbar aufgrund der energetisch schwach aufgeladenen 1, des Ego. Dieses Ich-Bewusstsein wird vom Sachverstand der das Diagramm beherrschenden 5 aufgetankt, dieses Symbol für die fünf Sinne wird durch die Schicksalszahl 5 noch ver-

stärkt. Der Umgang mit der Schicksalszahl 5 – sie ist den Elementen Wasser und Feuer zugeordnet – bedeutet geistige Bewegung, gezieltes Denken und Verwirklichen.

Erwin wird in vielen Bereichen seines Lebens vom Glück begleitet und hat für viele seiner Vorhaben eine gute Ausgangsposition, vorausgesetzt, er versteht es, seine Sinne zu zügeln und den Rahmen des für ihn Machbaren abzustecken. Laut Diagramm ist das möglich, das besagt die komplette Effektivlinie mit der aktvierten 7. Trotzdem wird ihm das nicht immer leicht fallen, denn die 5, die Hälfte von 10 (die eine Hand), ist ständig auf der Suche nach Ergänzung. Die Gefahr, große Sehnsüchte zu leben, die sich nicht erfüllen lassen, ist für ihn besonders groß, das zeigt die fehlende 4 in der Welt- und Intellektlinie. Das kann zu Unbeständigkeiten und Unzufriedenheit führen, da der starke Verstand sich mit den Gegebenheiten nicht abfinden kann. Es kann hier von einem etwas exzentrisch verlaufenden Realisierungswillen ausgegangen werden. Eine realistische Einschätzung der Weltlinie (fehlende 4) ist nicht gegeben, der praktische Verstand wird in den Hintergrund gedrängt, das heißt:

vom Sachverstand der 5 her wird entschieden. Das bedeutet auch, er hat den Mut zu schnellen Entschlüssen, einfach aus dem «Bauch heraus».

Das ist für den Lebenslauf ein kleiner, unbedingt zu beachtender Schwächepunkt, denn es besteht die Gefahr der Verkennung realer Grundzusammenhänge.

Hier sollte sich keine Nachlässigkeit einschleichen, denn das kann sich unangenehm auf den Alltag auswirken, besonders im Falle einer Partnerschaft.

Es besteht außerdem die Gefahr der Überschätzung eigener Fähigkeiten und Talente sowie gelegentlicher Unsicherheiten im verstandesmäßigen Handeln (Intellektlinie) und in emotionalen Entscheidungen (fehlende 2 der Emotionslinie).

Die kreative Inspiration (3 – 6 – 9) wird gelebt, aber nicht zielorientiert gelenkt, 6 – 5 – (4), und zum eigenen Nutzen verwendet, 1 – (4) – 7.

Im Falle geschäftlicher Verbindungen kann es für ihn nachteilig sein, da die fehlende 4, verbunden mit der energetisch schwachen 1, anzeigt, dass die Dinge nicht zum eigenen Vorteil geprüft und genutzt werden. Er muss sich oftmals anstrengen, seine Vorstellungen und Vorsätze, von denen er spricht, in die Tat umzusetzen. Das ist ersichtlich an der Körperlinie, 1 – (2) – 3. Sie ist unterbrochen. Der starke

Verstand kann sich häufig nicht mit den Gegebenheiten abfinden und macht ihm und seiner Umgebung so das Leben schwer.

Er hat also trotz großer Anpassungsfähigkeit etwas Selbstzerstörerisches an sich.

Gesellschaftliche Verbindungen haben für ihn einen großen Stellenwert.

Viel Wert wird auf die Anerkennung in der eigenen Familie gelegt, wobei der soziale Status in der Ursprungsfamilie für ihn fast noch wichtiger ist als der in der gegründeten.

Geht er als Familienmitglied seinen eigenen Weg – schon bedingt durch die Schicksalszahl –, stößt er auf Unverständnis, und eine gewisse Mutlosigkeit kann die Folge sein. Eine angeborene Anhänglichkeit kann für ihn zu einer Lebensfalle werden.

In der Partnerschaft braucht er deshalb eine Partnerin, die wiederum von sich «abhängig» machen kann, nicht umgekehrt. Verwöhnen des anderen ist zwar ehrlich gemeint, und der Partner soll es gut haben, jedoch werden Liebesbeweise des Partners gebraucht, um das eigene Ego aufzuwerten. Wird also eine Herzensgabe nicht genügend gewürdigt, kann es passieren, dass er sich zurückzieht und neue Liebesobjekte ansteuert.

Die Kommunikationslinie wird vom impulsgebenden Verstand (5) dominiert und zeigt eine flexible, tolerante und vertrauenswürdige Person, die sich nicht unbedingt in den Mittelpunkt stellen muss (schwache 1), sich jedoch heftig engagieren kann, wenn ihre idealistischen Vorstellungen betroffen sind. Von Natur aus optimistisch und phantasiereich, 3 – 6 – 9, wird er viel enttäuscht werden, da er seine Vorstellungen schlecht erden kann (fehlende 4 der Intellektlinie).

Das Selbstbild wird von der 6 beeinflusst, also seiner Vorstellungskraft. Die Emotionslinie ist nicht komplett, die 2, die Fürsorge, ist jedoch in der Persönlichkeitsschwingung enthalten. Da keine Verbindung zur 4 möglich ist, kann hier eine ärgerliche Orientierungslosigkeit auftreten, da seine Emotionen oft in die falsche Richtung gelenkt werden. Es besteht die Gefahr, dass er sich ausnutzen lässt, das aber emotional nicht geregelt bekommt, obwohl er das verstandesmäßig (starke 5) erfasst.

Die 5 entspricht der Rune «Rita» = Recht. Das Recht des Daseins für das eigene Ich ist Lebensaufgabe, zu lernen, was für ihn selbst wichtig ist, und nicht um Dinge zu kämpfen oder an denen festzuhalten, die ihm nicht gut tun. Das anzustreben ist sein Karma. Seine charakterliche Grundentwicklung wird mit dem 32. Lebensjahr abgeschlossen sein. Es ist möglich, dass gravierende persönliche Erfahrungen das beeinflussen und kurzfristige Veränderungen eintreten, die von ihm eine neue Weichenstellung seines Lebensablaufes fordern, unruhig wird es jedoch vor Vollendung des 32. Lebensjahres. Eine Partnerin mit der Schicksalszahl 6 ist für ihn die Idealverbindung. Das bedeutet natürlich nicht, dass es umgekehrt genau so sein kann, da er sehr männlich und extrovertiert ist. Sinnenfreude wird für ihn groß geschrieben und nimmt eine vorrangige Stellung in

seinem Alltag ein. Sehr gut einfügen kann er sich in Gruppen, denn er besitzt Teamgeist und ist bereit, ständig Neues zu erlernen und auszuprobieren. Wenn er weiß, was er kann und will, kann er Großes erreichen. Schwierigkeiten, hohe Ziele zu erreichen, können sich ergeben aus den Problemen, die er mit der Identität und der Selbstwertbestimmung hat ($1 + 2$). Die Neigung zu Fanatismus ist vorhanden, muss aber nicht unbedingt ausbrechen. Wenn ja, dann eher zum gesellschaftlichen Vorteil als zum Nachteil.

# Die Braut

**Roberta Kriserk**
23.08.1973
**Namenszahl:** 8
**Schicksalszahl:** 6
**Persönlichkeitszahl:** 6/33

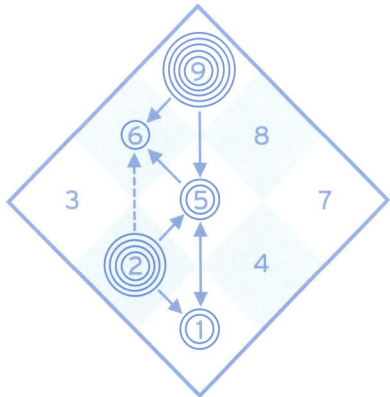

Lieber Erwin,

schau sie dir an; das Diagramm mit der dominierenden 9 in der Kommunikationslinie zeigt einen schicksalsbewussten, spirituell hochbegabten Menschen, dessen Grundstreben nach Höherem und dessen Sehnsucht nach Erfüllung großer Ideale ständig im Widerspruch zur Realität des Alltags steht. Das weist die unvollkommene Weltlinie aus (fehlende 4) sowie die durch die fehlende 8 unterbrochene Geisteslinie.

Die Emotionslinie mit der gekappten 8, der Zahl der Unendlichkeit und der Erkenntnis, weist aufgrund der starken 2 auf ein überdurchschnittliches intuitives Erfassen der Umwelt sowie emotionelles, sehr spontanes Handeln hin. Oft unüberlegt hinsichtlich der daraus entstehenden real bezogenen Folgen (fehlende 4 und 7).

Die Tatkraft wird gesteuert vom Selbstbild der 6 in Verbindung mit dem Gefühl. Die Durchsetzungskraft, die 3, ist im Diagramm nicht aktiviert, jedoch in der Persönlichkeitszahl enthalten. Trotzdem ist die Effektivlinie nicht voll in Kraft, die 7 fehlt. Die 3 in der Persönlichkeitszahl ergänzt zusätzlich Körperlinie und Kreativlinie.

Die Körperlinie zeigt einen Menschen mit Lebenskraft, dessen Vitalität überwiegend vom Gefühl, der 2, bestimmt wird, das heißt: Fast alle Handlungen werden emotional entschieden und dann oft halbherzig durchgesetzt (3 – 5 fehlende 7). Außer sie ist von einer Sache überzeugt, dann gibt es kein Hindernis, das nicht überwunden werden kann, allerdings wird viel Bewegungsfreiheit gebraucht. Diese wird auch anderen zugestanden, egal, ob Mitmenschen oder dem Partner. Aufgeschlossenheit und Toleranz sind charakterliche Grundschwingungen. Hier sollte darauf geachtet werden, dass das nicht als Unentschlossenheit gewertet und dementsprechend vom menschlichen Umfeld ausgenutzt wird. Das kann leicht geschehen, aufgrund der fehlenden 4 der Intellektlinie. Das Denkvermögen in theoretischen und abstrakten Bahnen (die 6) ist gut ausgebildet und wird durch die Schicksalszahl 6 verstärkt.

Die Energie der 5, der Sachverstand, wird eher von der Intuition und Inspiration beeinflusst. Für das gezielte praktisch orientierte Denken und Handeln, die praktische Nutzung des Energiekapitals im Alltag fehlt das Gespür. Das betrifft nicht nur die Weltlinie, es beeinflusst ebenfalls die Geisteslinie und Emotionslinie.

Die Geisteslinie wird beherrscht von der 9, dem Bewusstsein für die eigenen schöpferischen Fähigkeiten. Die Hinwendung zum Geistigen wird gehemmt.

Die fehlende 8 der Emotionslinie verhindert oft die Umwandlung aller Gefühle in zielgerichtete Handlungen. So bleiben viele gute Denkansätze einfach in der 5 stecken und können nicht zum eigenen Aufbau kreativ genutzt werden.

Das Überdurchschnittliche an Lebenskraft wird nicht erkannt und demzufolge auch von der Umwelt, das betrifft auch den Partner, nicht richtig eingeschätzt.

Das vorgegebene Schicksalsmuster, die 9, wird ohne die 8 (erkenne dein Schicksal) nicht zur eigenen Verhaltensweise werden können. Diese innere Zerrissenheit bleibt so lange, bis es vielleicht eine dramatische Situation gibt, in der es dann heißt: Entweder – oder!

Das Bewusstsein für das Weibliche ist stärker als das Selbstbewusstsein $1 - 2 - (3)$. Um die Kraft der Persönlichkeit herauszuheben, empfiehlt es sich für Roberta, in Gesprächen eine gewisse Fachkompetenz zu zeigen und nüchterne (4) Argumente aufzunehmen. Das Wohlstandsbewusstsein und traditionelle Verhaltensmuster (4) sollten in den Alltag mehr integriert werden.

Dasselbe gilt für Disziplin und Selbstbeherrschung, wenn es um Situationen geht, die nicht zu ändern sind oder erst geistig (7) verarbeitet werden müssen.

Der Mangel an Realitätssinn, $1 - (4 + 7)$, lässt sich dann umkehren. Das braucht Zeit, ist aber für einen stabilen Lebensablauf wichtig. Sonst kann es passieren, dass nur schnelle Anfangserfolge erzielt werden und – aufgrund mangelnder Vorausplanung – in so manche gute Idee Herz, Geist und Geld umsonst investiert werden. Daraus resultieren psychosomatische Reaktionen, da die starke Lebensenergie, das zum Erfolg strebende Grundgefühl und die starke innere Triebkraft (2) zur Überstrapazierung der eigenen Seelenkräfte führen können. Die Zwiespältigkeit (starke 2) kann auch zu Schwierigkeiten im Umgang mit ihren Mitmenschen führen.

Hier wiederum hilft nur das absolute Vertrauen auf ihren Instinkt, auch wenn das schwer mit dem Verstand, der 5, vereinbar ist. Das Handeln aus dem Bauch heraus ist ihre Sicherheit. Das ist besser, als Demütigungen zu ertragen oder sich verunsichern zu lassen, um Freunde nicht zu verlieren oder einen Partner, denn sie kann schlecht allein sein, zumindest glaubt sie das von sich.

Ihre Stärke liegt in künstlerischer, kreativer Arbeit. Ausgestattet mit viel Phantasie, sollte sie das unbedingt ausleben, und sei es als Hobby.

Administrative Tätigkeiten sollte sie vermeiden, es engt sie ein. Sie kann aus dem Nichts etwas machen, dazu ist eine Eigenschaft der Schicksalszahl 6 von Vorteil. Der Umgang mit der Schicksalszahl 6 symbolisiert ab und zu Schwierigkeiten, besonders im Gefühlsleben, denn sie steht für Liebe, Harmonie und Lebensglück. Es ist die Zahl der Vollendung und des Grundstrebens nach Perfektion. Es ist Roberta in die Wiege gelegt. Deshalb ist besonders zu berücksichtigen, dass äußere Gegebenheiten im Miteinander nicht immer zu beeinflussen sind. Die Grenzen des Machbaren zu erkennen (8) ist für sie schwer, jedoch notwendig, um in der Liebe nicht ständig selbst zu enttäuschen oder enttäuscht zu werden. Menschen mit der Schicksalszahl 6 leben für die Liebe. Sie strahlen sie aus, verschenken sie und bekommen sie als Echo zurück. Es ist ihr Lebenselixier.

Dazu kommt, dass die Fürsorge für andere einen höheren Stellenwert erhält als die Beschäftigung mit dem eigenen Ich (stärkere 2 als 1). Die große Phantasie der 6 verkennt oft die Schwierigkeiten in der realen Welt. Bei Roberta ist das besonders zu beachten, wie es das Diagramm bestätigt (fehlende 4 und 7). Romantik prägt die erotische Energie. Deshalb ist ein Hang zu wechselnden Liebesabenteuern nicht auszuschließen. Gegen diese Gefühle anzukommen gelingt nur mit einem Partner, der ebenfalls in der Erotik über viel Phantasie verfügt und sich beflügeln lässt.

Hinsichtlich Partnerschaft hat sie ihre sehr persönliche individuelle Note und kann ihre Umwelt, also auch ihren Partner, intuitiv erfassen. In der Partnerschaft wird überwiegend eine kämpferische Intuition die Spielregeln beeinflussen. Die 6/33 hat eine impulsempfangende Zahl, die 6, und zweimal die 3 als impulsgebende Zahl. Das bedeutet doppeltes Zurückgeben, im Guten wie im Bösen. Deshalb sind Spannungen in einer Partnerschaft zu bearbeiten, ungelöst können sie psychosomatisch bedingte Krankheiten verursachen.

Das gilt auch für die Berufswahl. Eine freiberufliche Tätigkeit ist zu empfehlen. Als Familienmensch zuverlässig und großzügig, stößt sie trotz allen guten Willens häufig auf Unverständnis wegen ihrer sprunghaften Art, Entscheidungen zu treffen.

Das ist nicht zu ändern, da sie sehr leistungsbewusst ist und am liebsten nach eigenen Methoden arbeitet, schon aufgrund ihrer Vielseitigkeit. Nach dem 33. Lebensjahr wird eine etwas geschlossenere Lebenshaltung eingenommen werden, da die angeborene Spiritualität (9) mit zur philosophischen Lebenseinstellung beiträgt.

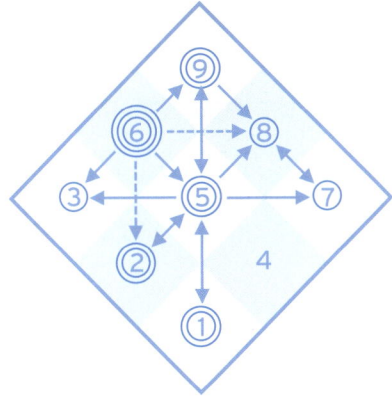

## Roberta Hongalo

An den Zahlen ist es schon zu erkennen, 5/32 und die 6/33 ergänzen sich. Wenn ihr mit den Unterschieden, die zwischen euch bestehen, liebevoll umgeht, kann nichts schief gehen. Der neue Name zeigt im Diagramm, dass das Himmelstürmende, die 9, sowie das überschäumende Temperament etwas abgebremst werden, die Persönlichkeit als Ganzes hat jedoch gewonnen, ist abgerundeter.

Die 4, das praktische, wohlstandsorientierte Handeln steht bei euch beiden nicht im Vordergrund. Das ist ein Stolperstein, deshalb seid wachsam. Solltet ihr euch einmal voneinander erholen wollen: Für dich lieber Erwin, sind Kraftplätze, an denen der Wind kräftig oder auch leise schmeichelnd weht, entspannend.

Für Roberta sind es geschützte Täler und offene Feuerstellen.

125

Wenn du Roberta ein Schmuck-
stück schenken möchtest, dann ist
der Granat das Richtige, und wenn
du dir einen Ring mit Stein von ihr
wünschst: Ein gelber Topas oder ein
dunkelgrüner Malachit als Stein
passt gut zu dir.

## Quellennachweis

Norman Shine, *Numerologie*
Orbis Verlag
Franz Bardon, *Der Schlüssel zur wahren Kabbalah*, Rüggeberg Verlag
Franz Carl Enders, Annemarie Schimmel, *Das Mysterium der Zahl*, Eugen Diederichs Verlag
Helmut-W. Kritzinger, *Numerologie und Partnerschaft* Windpferd-Verlag
Jürgen Werlitz, *Das Geheimnis der heiligen Zahlen*, Pattloch Verlag
Michael Gienger *Die Steinheilkunde*, Verlag Neue Erde

## Bildnachweis

Seiten 1, 4 (unten), 10, 18, 21, 33, 55, 68, 70, 81, 86, 91, 115, 119, 124 Image Source AG

Seiten 2, 7, 45  Brand X Pictures

Seiten 4 (oben), 40, 63, 76, 94, 106  Digital Vision

Seiten 24, 67  EyeWire

Seite 56  image DJ

Seite 93  Lothar M. Peter

Bei weitergehenden Fragen können Sie sich an die Autorin wenden:

**Dagmar Hoffmann**
**Lange Straße 30**
**31592 Stolzenau**